ADMINISTRACIÓN DE
CAPITAL HUMANO

ADMINISTRACIÓN DE CAPITAL HUMANO

La gestión del activo más valioso de la organización

Lourdes Münch

Catalogación en la fuente

> Münch Galindo, Lourdes
>   Administración de capital humano : la gestión del activo más valioso de la organización. -- México : Trillas, 2005 (reimp. 2011).
>   165 p. : il. ; 21 cm.
>   Bibliografía: p. 165
>   ISBN 978-968-24-7341-8
>
>   1. Personal - Dirección. 2. Administración. I. t.
>
> D- 658.3'M482a   LC- HF5549.15'M8.3   4215

Introducción

Los grandes avances tecnológicos han propiciado que una de las fuentes más importantes de las ventajas competitivas sean los conocimientos, de hecho, los países desarrollados se han convertido en sociedades del conocimiento en las que el capital humano es considerado como un activo, que se incluye en los estados financieros.

En este sentido, la *Administración de capital humano* cobra especial relevancia ya que a través de ésta se aplican procesos, metodologías y técnicas para mantener, incrementar y desarrollar las competencias, habilidades y conocimientos del personal con la finalidad de mejorar la calidad de las organizaciones y de los individuos que las conforman.

Esta obra estudia los aspectos básicos para integrar una planta efectiva y estable de trabajo con un enfoque hacia la gestión de competencias laborales. Incluye los procesos, técnicas y metodologías de las principales funciones de la administración del capital humano: reclutamiento y selección de personal, administración de sueldos y salarios, salud organizacional, motivación, relaciones laborales, capacitación y aprendizaje organizacional así como planeación y evaluación de personal. Se revisan también las nuevas tendencias de gestión: *empowerment,* administración del conocimiento, gestión por competencias y excelencia; de tal forma que el lector obtenga una visión integral de la administración de personal.

Los conocimientos se refuerzan en el CD interactivo que contiene prácticas, ejercicios, evaluaciones y casos que capacitan al lector para enfrentar una de las labores más complejas de la administración: la dirección de capital humano.

Índice de contenido

¿Qué es la administración de capital humano?

OBJETIVOS:

Objetivo general. El lector comprenderá la importancia del capital humano y la gestión por competencias para las organizaciones.

Objetivos específicos. Al final del capítulo el lector:

- Definirá el concepto de administración de capital humano.
- Explicará las funciones de la administración de capital humano.
- Relacionará las funciones de la administración de capital humano con la gestión por competencias.
- Organizará el área de administración de capital humano de una empresa.
- Explicará la importancia de la administración de capital humano.

COMPETENCIAS:

- Desarrollará una actitud proactiva y comprometida hacia el capital humano.
- Diseñará estructuras organizadas para el área de capital humano con responsabilidad, acorde con las características.

1

¿Qué es la administración de capital humano?

1.1. CONCEPTOS GENERALES

Una de las funciones básicas de cualquier organización es la administración del factor humano ya que las personas son el activo más valioso de las empresas. De nada sirven enormes inversiones en tecnología, en recursos materiales y financieros, si el personal no es capaz de optimizarlos. La administración de capital humano, también ha sido denominada como administración de recursos humanos, administración de personal o del factor humano, de hecho los términos son sinónimos. Se ha cuestionado la utilización del vocablo recursos humanos debido a que diversos autores opinan que el personal no puede ser considerado como un "recurso" de la organización ya que no es un objeto. Existe mucha similitud entre los términos de administración de recursos humanos y administración de capital humano, la diferencia básica radica en que la gestión de capital humano es uno de los enfoques más actuales de la administración siendo una de sus aportaciones más importantes el considerar al capital humano como un rubro de los estados financieros. En esta obra se considera a dichos conceptos de manera indistinta ya que las funciones o áreas son las mismas en cualquier caso, y se le conceptualizará como administración de capital humano porque es la acepción más moderna e involucra elementos como la administración del conocimiento y del capital intelectual. Para comprender mejor el concepto de administración de capital humano a continuación se presenta la terminología más relacionada:

- *Recursos humanos.* Conjunto de habilidades, capacidades, conocimientos y experiencias que posee el personal de una organización.
- *Capital humano.* Es el valor de las habilidades, capacidades, experiencias y conocimientos de las personas que integran una organización.
- *Administración.* Es el proceso de coordinación de recursos y esfuerzos, para obtener la máxima eficiencia, eficacia, productividad y calidad en el logro de los objetivos de una organización.
- *Administración de recursos humanos.* Proceso de gestionar, desarrollar el valor de las habilidades, capacidades, experiencia y conocimientos del personal de una organización.

La administración de capital humano es un factor estratégico para cualquier empresa, ya que la optimización de la maquinaria, el dinero, las instalaciones y los sistemas, en suma el logro de los objetivos depende del personal.

El capital humano está integrado por personas, que proporcionan a la organización talento, trabajo, creatividad y esfuerzo para la realización de sus objetivos. Las personas son el corazón de la organización, ya que le dan vida, y la administración de capital humano proporciona las herramientas necesarias para su formación, integración y desarrollo.

1.2. IMPORTANCIA Y FINALIDAD DE LA ADMINISTRACIÓN DE CAPITAL HUMANO

El factor humano posee características tales como: inteligencia, valores, competencias, imaginación, experiencias, sentimientos, habilidades, que lo diferencian de los demás recursos, por ello es trascendental para la existencia de cualquier organización.

La administración de capital humano es de gran importancia, algunos de sus beneficios son:

- Incrementa la eficiencia, la eficacia y la calidad.
- Incide en la optimización de los recursos tecnológicos, materiales y financieros.
- Promueve un clima organizacional adecuado.
- Mejora la calidad de vida de los integrantes de la organización.
- Incrementa la motivación y consecuentemente la productividad y calidad.

La sociedad necesita de las empresas como fuente de trabajo y para satisfacer sus necesidades; las empresas, por su parte, requieren de personal para el manejo adecuado de todos los recursos, y para satisfacer, de esta manera, dichas necesidades. El factor humano tiene el poder de decisión para determinar: qué hacer, cómo, dónde, cuándo, por qué y con quién, es decir para dar respuesta a las seis preguntas básicas de la administración (fig. 1.1).

Los seres humanos son trascendentales para la existencia de cualquier grupo social. El hombre es el factor primordial en el avance de la sociedad; de su habilidad, destreza, inteligen-

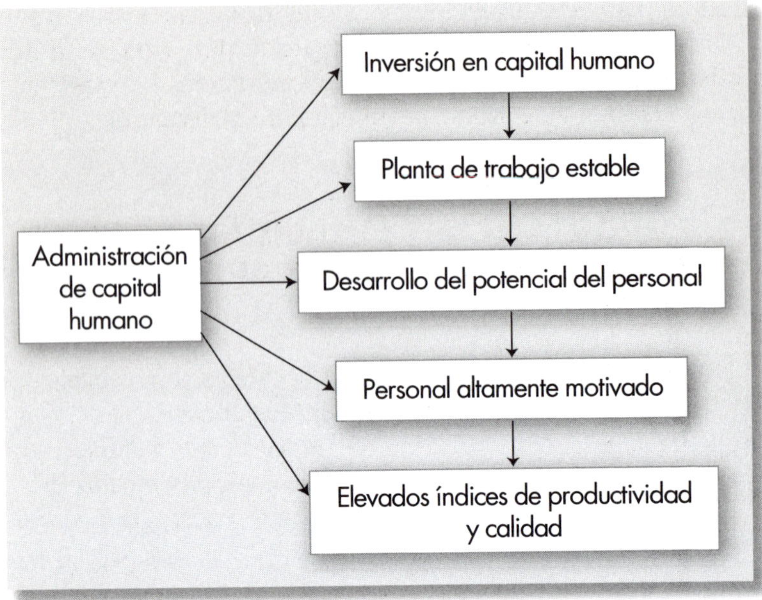

Figura 1.1. Finalidades de la administración de capital humano.

cia y conocimientos depende el buen funcionamiento de las organizaciones de ahí la gran importancia de la administración de capital humano, cuyas finalidades fundamentales son:

- Lograr una planta estable de trabajo.
- Desarrollar al máximo las potencialidades, habilidades y capacidades del personal que integra la empresa.
- Mejorar la calidad de vida en el trabajo.
- Mejorar el clima y comunicación organizacional.
- Desarrollar personal altamente motivado, satisfecho y comprometido con la organización.

1.3. ORGANIZACIÓN DEL ÁREA

Para lograr una administración de capital humano eficiente no existen "recetas", ya que su enfoque es situacional, es decir, su aplicación depende de la cultura organizacional, del ambiente, del tamaño y edad de la organización, de la tecnología, de las políticas y directrices, de la filosofía administrativa, de la concepción del líder acerca del hombre y de su naturaleza y, sobre todo, de la calidad y cantidad de personal disponible. En la medida que estos elementos cambian, varía también la manera de administrar, de ahí surge el carácter situacional de la administración de capital humano, cuyas técnicas no son rígidas ni inmutables, sino flexibles y sujetas a la dinámica y necesidades organizacionales. La función básica del área de personal es el aprovechamiento e incremento del capital humano en beneficio del individuo, la organización y la sociedad.

Dependiendo del tamaño de la empresa, se organizará el área de recursos humanos, así en una gran empresa se establecerá una dirección integrada por varios departamentos que lleven a cabo cada una de las funciones. En las empresas con menos recursos, el área de personal será más pequeña. Lo que sí es muy importante, es considerar que cualquier organización independientemente de su tamaño, que desee lograr una planta de trabajo estable, motivada y productiva deberá realizar las siguientes funciones: reclutamiento y selección, capacitación y desarrollo, administración de sueldos y salarios, relaciones laborales, servicios y prestaciones, higiene y seguridad, planeación y control de recursos humanos. Para organizar el área de recursos humanos existen dos enfoques básicos:

- *Organización tradicional.* La función se restringe al empleo y control del personal, para lograr los objetivos de la organización. El elemento humano se concibe como un recurso que puede controlarse por medio de premios, penas, reglas, procedimientos y autoridad.
- *El enfoque contemporáneo.* Considera que el activo más valioso de la organización son las personas, que los subsistemas que la conforman están ligados e interrelacionados, y el entorno externo influye en los resulta-

dos, por lo que se incluyen aspectos como la gestión de competencias, la administración del conocimiento y la administración del capital intelectual.

> La administración de capital humano es el proceso administrativo aplicado al desarrollo y conservación de las experiencias, la salud, los conocimientos, las habilidades y las competencias de los miembros de la organización, en beneficio del individuo y de la empresa.

La administración de capital humano no es un fin, sino un medio para alcanzar la competitividad, ya que permite establecer condiciones favorables para que las personas consigan sus objetivos individuales a través del logro de los objetivos organizacionales.

En la figura 1.2 aparece un organigrama funcional, las funciones de cada área que reporta a la dirección de capital humano son las siguientes:

- *Reclutamiento y selección.* También conocida como contratación y empleo. A través de esta función se logra que todos los puestos sean cubiertos por personal idóneo, de acuerdo con las necesidades de la organización.
- *Capacitación y desarrollo. Aprendizaje organizacional.* Su finalidad es proporcionar al personal las oportunidades para desarrollar sus capacidades, con el fin de que alcancen la mayor productividad, así como lograr el desarrollo de todas sus potencialidades.
- *Sueldos y salarios.* También conocida como administración de retribuciones. El objetivo de esta función es lograr que los empleados sean justa y equitativamente compensados mediante sistemas de remuneración acordes al esfuerzo, eficiencia, responsabilidad y condiciones de trabajo de cada puesto.

Figura 1.2. Organigrama funcional del área de capital humano o de recursos humanos.

- *Servicios y prestaciones.* Su finalidad es proporcionar bienes, facilidades o actividades, con el fin de lograr que el personal obtenga beneficios adicionales al sueldo y consecuentemente exista una mayor motivación.
- *Relaciones laborales.* Se utiliza como sinónimo de relaciones obrero-patronales. Una de las funciones más importantes de las relaciones laborales es preparar y llevar a cabo negociaciones con el sindicato. Estas negociaciones dan como resultado un contrato de trabajo que especifica los términos y condiciones de empleo, también incluye funciones de contratación, jubilaciones, despidos, motivación, comunicación y clima organizacional.
- *Higiene y seguridad industrial.* Se le denomina también salud organizacional, tiene como objetivo reconocer, evaluar y controlar aquellos factores del ambiente, físicos o psicológicos, que provienen del trabajo y que pueden causar enfermedades o deteriorar la salud, con la finalidad de reducir controlar y evitar accidentes en el trabajo y preservar la salud y bienestar del personal.
- *Planeación y control de recursos humanos.* A través de esta función se realizan estudios tendientes a la proyección de la estructura de capital humano que la organización requiere en el futuro, incluye inventarios y planes de carrera. Su objetivo es prever el capital humano requerido en periodos futuros de acuerdo con la planeación estratégica corporativa.

1.4. ESTILOS DE GESTIÓN DE LA ADMINISTRACIÓN DE CAPITAL HUMANO

En relación con el estilo de liderazgo predominante en las organizaciones, la gestión de los recursos humanos puede ser:

1.4.1. Autocrática

También conocida como militar, se distingue por una dirección fuerte, centralizada y coercitiva que controla todas las áreas de la organización. Se caracteriza por:

- *Toma de decisiones.* Centralizada en la dirección, los niveles inferiores son ajenos por completo a la toma de decisiones.
- *Comunicación.* Deficiente y lenta, la comunicación es siempre vertical descendente, sirve para trasmitir órdenes.
- *Relaciones interpersonales.* Las relaciones entre las personas son de carácter estrictamente formal para efectuar el trabajo
- *Motivación.* Se hace énfasis en los castigos y en las medidas disciplinarias, o en las recompensas por productividad, generando un ambiente de temor y desconfianza.
- *Productividad.* Media, sólo existe bajo supervisión.

1.4.2. Burocrática

Todas las funciones son regidas por procedimientos, en ocasiones excesivos, existe una marcada apatía hacia la productividad y los resultados, generalmente los directores son indiferentes hacia las necesidades del personal y de la organización y sólo les interesa el beneficio personal. El estilo burocrático origina ineficiencia en el personal y altas cargas de frustración que provocan descontento y un clima organizacional improductivo. Los factores que prevalecen son:

- *Toma de decisiones.* Centralizada, aunque permite la delegación de algunas decisiones por lo general de carácter repetitivo y rutinario.
- *Comunicación.* Relativamente escasa, prevalece la comunicación descendente, existe alguna comunicación

ascendente que proviene de los niveles inferiores y comunicación informal.

- *Relaciones interpersonales.* Las personas se relacionan entre sí, con cierta condescendencia, sin embargo, la interacción humana no se orienta hacia aspectos de trabajo.
- *Motivación.* Se ofrecen recompensas materiales y salariales de acuerdo con las reglas burocráticas o con el "compadrazgo", las recompensas simbólicas o sociales son escasas. Las personas deben obedecer las normas y reglamentos internos y ejecutar las tareas de acuerdo con los métodos y procedimientos.
- *Productividad.* Escasa o nula.

1.4.3. Paternalista o de "Club Campestre"

Se enfoca al aspecto humano, parte del principio que para que el personal trabaje es necesario otorgarle motivación. Este estilo se caracteriza por:

- *Toma de decisiones.* Las decisiones se delegan en los diversos niveles jerárquicos, aunque deben respetarse las políticas y directrices definidas por la dirección. Se toman en cuenta la opinión y los puntos de vista de los niveles inferiores.
- *Comunicación.* Comunicación vertical descendente y ascendente, así como comunicación lateral. La empresa desarrolla sistemas de comunicación que facilitan el flujo de información y sirven de base a la consecución de objetivos.
- *Relaciones interpersonales.* Existen condiciones para el desarrollo de un clima organizacional saludable y positivo. La confianza en las personas es mayor, ya que el trabajo promueve la formación de equipos.
- *Motivación.* Se estimula la productividad mediante recompensas como incentivos salariales y oportunidades de ascensos y desarrollo profesional.

- *Productividad*. Condicionada a los estímulos y recompensas.

1.4.4. Participativa

Como su nombre lo indica, se promueve la participación en la toma de decisiones de los niveles que tengan relación con las mismas. Sus principales características son:

- *Toma de decisiones*. La dirección define los objetivos y directrices corporativos que deben obtenerse, se limita a evaluar los resultados y permite que los diversos niveles jerárquicos establezcan sus objetivos, se encarguen de las decisiones y acciones. El consenso es el concepto más importante en el proceso de toma de decisiones.
- *Comunicación*. La comunicación fluye en todos los sentidos. La información se convierte en uno de los recursos más importantes y es compartida por todo el personal con la finalidad de trabajar eficientemente.
- *Relaciones interpersonales*. Predomina el trabajo en equipo, se estimula la participación y el desarrollo grupal intenso, de manera que las personas se sientan responsables de lo que deciden y realizan en todos los niveles organizacionales.
- *Motivación*. Se motiva con todo tipo de recompensas y el personal se siente automotivado ya que se promueve la autorrealización.
- *Productividad*. Elevada.

Lo verdaderamente importante es que en la organización se establezca el estilo de gestión de recursos humanos más adecuado a sus necesidades, para lograr un clima organizacional que promueva el mejoramiento de la calidad de vida del personal y su autorrealización en el trabajo.

1.5. LA GESTIÓN POR COMPETENCIAS Y LA ADMINISTRACIÓN DE RECURSOS HUMANOS

1.5.1. Concepto

El término competencias laborales surge a finales de la década de los ochentas en el siglo xx, como una necesidad de eficientar y estandarizar los recursos humanos en las organizaciones. Las competencias laborales tienen varios enfoques:

a) *El conductista* que proviene de Estados Unidos de la Universidad de Harvard y de McClelland, que conceptualizan a las competencias como características del empleado que influyen en un desempeño superior en su trabajo.

b) *El funcionalista* que se origina en Inglaterra y en el que las competencias laborales se refieren a los atributos que fundamentan el trabajo exitoso y cuya finalidad es definir estándares que dan lugar a competencias ocupacionales nacionales siendo una de sus aportaciones más importantes el modelo británico de comportamiento ocupacional.

c) *El constructivista* que tiene sus orígenes en Francia, en el que las competencias se refieren tanto a las ocupaciones como a las personas, sus objetivos y sus posibilidades.

Con la finalidad de aclarar el concepto de competencias a continuación se presentan algunas definiciones de los tratadistas más representativos:

- L. Spencer y S. Spencer:[1] "Características subyacentes en el individuo casualmente relacionadas a un estándar de efectividad y/o un desempeño superior en un trabajo."

[1]L. Spencer y S. Spencer, *Competent at work models for superior performance*, John Wesley & Sons, EUA, 1993.

5. *Análisis y validación de las competencias.* Se validan y prueban las competencias y los contenidos de los perfiles, con el personal involucrado.
6. *Diseño de procesos por competencias.* Se orientan los demás procesos hacia las competencias.
7. *Aprobación de las competencias laborales.* El Comité de dirección aprueba el sistema.
8. *Implantación.* Se implanta el sistema.
9. *Retroalimentación.* Las áreas organizacionales evalúan los resultados y anualmente se efectúan las mejoras y cambios requeridos por la organización.

La organización puede optar por aplicar el sistema de gestión por competencias a nivel general o utilizar la metodología para alguna de sus áreas.

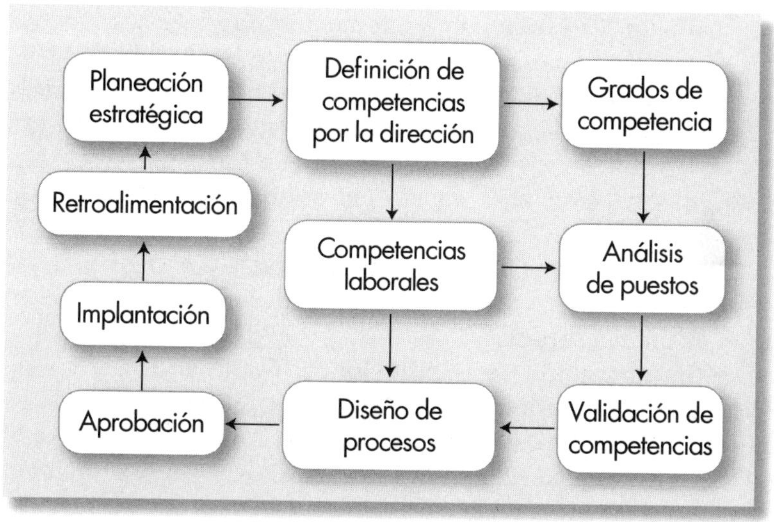

Figura 1.4. Etapas para establecer un sistema de gestión por competencias.

1.5.4. La gestión por competencias y las funciones de la administración de capital humano

El enfoque de competencias laborales puede aplicarse en cada una de las funciones de la administración de capital humano, por supuesto que el primer paso consiste en definir las competencias de acuerdo con las etapas anteriormente descritas.

A continuación se enumeran las funciones básicas de la administración de recursos humanos con un enfoque hacia las competencias laborales:

Reclutamiento y selección. Se efectúa con base en el análisis de puesto que incluye competencias tanto de conocimientos como de conductas. La entrevista se diseña de acuerdo con un guión que incluye comportamientos relacionados con las competencias requeridas por el puesto.

Planeación y evaluación de capital humano. La planeación de recursos humanos y los planes de carrera consideran las competencias de acuerdo con los perfiles diseñados con este enfoque, con base en el cual se diseñan los mapas de carrera.

Evaluación del desempeño. Se toma como base a las competencias de cada individuo y su desarrollo en el puesto para evaluar resultados.

Administración de retribuciones. El punto de partida de la gestión por competencias es el análisis de puestos ya que en la descripción de puestos se incluyen las competencias. Para el cálculo de remuneraciones y la valuación de puestos también se consideran las competencias de acuerdo con los perfiles del puesto.

Capacitación, desarrollo y aprendizaje organizacional. Cuando la organización cuenta con descripciones de puestos por competencias, a partir del plan de recursos humanos y del inventario de personal es posible diseñar con mayor eficiencia su plan de capacitación; claro está previo diagnóstico de las competencias reales del personal.

Higiene y seguridad. Es de vital importancia considerar las competencias para diseñar los programas de salud organizacional.

1.6. EL *OUTSOURCING* Y LA ADMINISTRACIÓN DE CAPITAL HUMANO

Tal como se ha mencionado, la gestión de capital humano es un proceso de vital importancia para cualquier organización que incluye diversas funciones (véase fig. 1.2 "Organigrama funcional"). Cuando se trata de una gran empresa es perfectamente posible que existan áreas especializadas para realizar cada una de las funciones y subfunciones, sin embargo, conforme la empresa cuente con menos recursos deberá evaluarse la posibilidad de contratar empresas de consultoría externa o de *outsourcing* que proporcionen los servicios que implican dichas funciones, para lograr una adecuada gestión del capital humano. De esta forma las organizaciones pueden gestionar eficientemente el capital humano sin la necesidad de contar con áreas especializadas que implican costos fijos difíciles de afrontar.

Por último, cabe hacer notar que la administración de capital humano incluye todas las etapas del proceso administrativo: planeación, organización, dirección y control, mismas que existen en todas y cada una de la funciones y subfunciones de la administración de capital humano.

AUTOEVALUACIÓN

I. Anote en el paréntesis una **V** si la aseveración es verdadera y una **F** si es falsa.

1. Algunos beneficios de la administración de capital humano son: incremento de la eficiencia y de la eficacia; optimización de los recursos tecnológicos, materiales y financieros; clima organizacional adecuado.	( )
2. Existen tres enfoques para la organización de área de recursos humanos: tradicional, moderno y contemporáneo.	( )
3. La gestión de los recursos humanos puede ser: autocrática, burocrática, paternalista, participativa.	( )
4. Las competencias laborales tienen dos enfoques: conductista y funcionalista.	( )
5. Las competencias laborales son las conductas y la capacidad para aplicar habilidades para desempeñar el trabajo con éxito.	( )
6. La administración de capital humano tiene un carácter situacional.	( )
7. Las funciones del área de recursos humanos comprenden únicamente reclutamiento, selección, capacitación y desarrollo de personal.	( )
8. El capital humano es el conjunto de habilidades, capacidades, conocimientos y experiencias que posee el personal de una organización.	( )
9. Los recursos humanos son el valor de las habilidades, capacidades, experiencias y conocimientos de las personas que integran una organización.	( )
10. Para Spencer y Spencer existen varios tipos de competencias entre las que se encuentran el conocimiento, las características y la motivación.	( )

II. Conteste las siguientes preguntas:

1. Defina los siguientes conceptos: administración, administración de capital humano, capital humano, recursos humanos.
2. Enumere y explique las etapas para establecer un sistema de gestión por competencias.
3. Enumere las funciones básicas de la administración de recursos humanos con enfoque hacia las competencias laborales.
4. ¿Cuáles son las funciones del área de recursos humanos?
5. Explique la diferencia entre los criterios tradicionales de administración de recursos humanos y el enfoque de competencias. ¿Cuál le parece mejor? ¿Por qué?

III. Resuelva en el CD interactivo los ejercicios de refuerzo, la autoevaluación del capítulo 1 y la sección "Saber más".

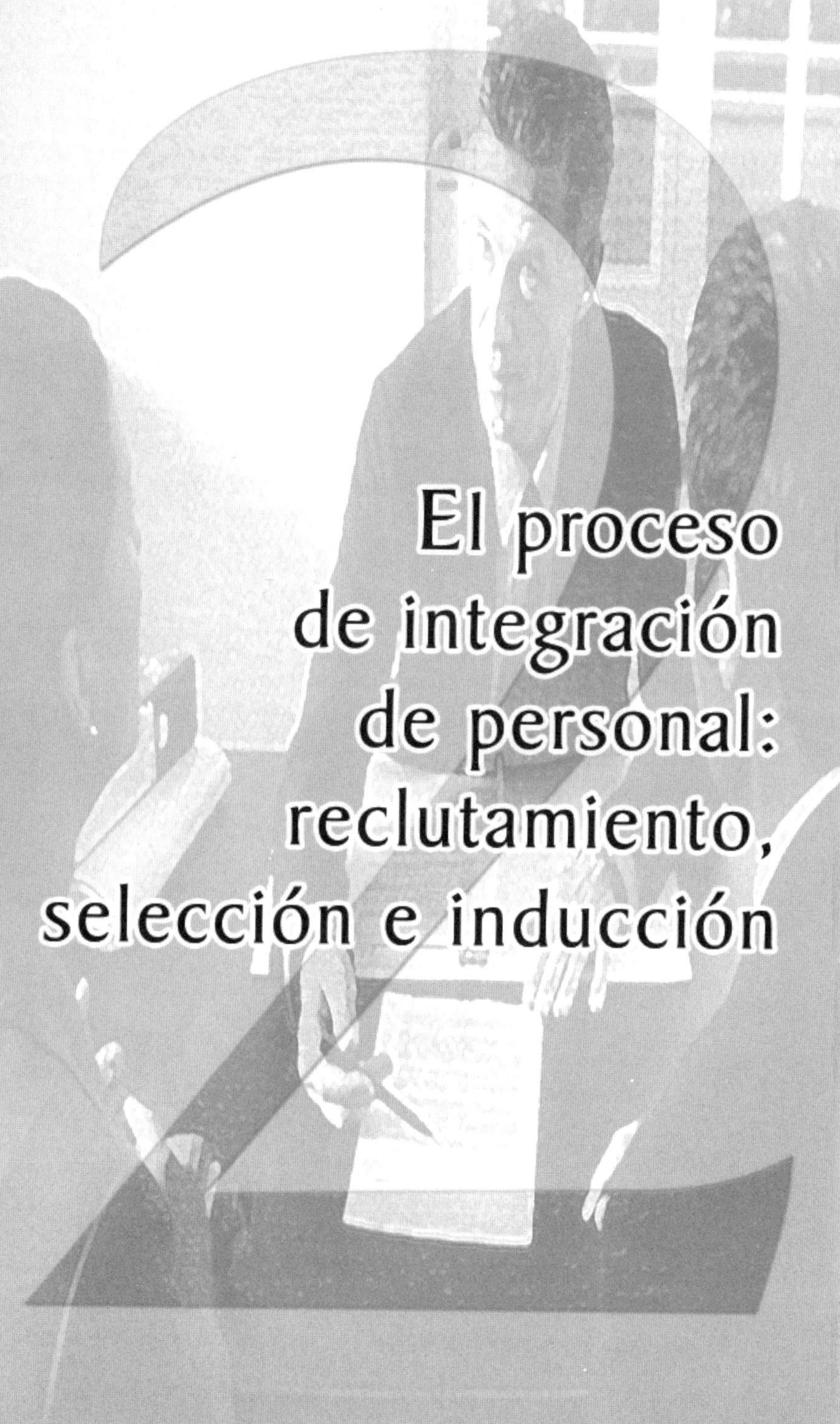

El proceso de integración de personal: reclutamiento, selección e inducción

OBJETIVOS:

Objetivo general. El lector será capaz de aplicar el proceso de integración de personal en una empresa.

Objetivos específicos. Al terminar este capítulo el lector:

- Explicará en qué consiste el reclutamiento, selección e inducción del capital humano.
- Describirá los distintos tipos de reclutamiento de personal.
- Describirá las etapas del proceso de selección de personal.
- Conocerá el contenido de la solicitud de empleo.
- Explicará y será capaz de aplicar entrevistas de trabajo y exámenes de admisión.
- Aplicará los procesos de contratación e inducción de personal.
- Describirá la relación entre la gestión por competencias y el proceso de selección de personal.

COMPETENCIAS:

- Desarrollará una actitud honesta, responsable y comprometida al apliccar el proceso de reclutamiento y selección.

2

El proceso de integración de personal: reclutamiento, selección e inducción

2.1. CONCEPTOS GENERALES

Sin lugar a dudas una de las funciones más importantes de la administración de capital humano es la integración, ya que es el primer paso para garantizar la eficiencia del personal; de su aplicación adecuada depende la efectividad de las demás funciones del personal.

La integración es el proceso a través del cual se convoca, elige e introduce a las personas más adecuadas de acuerdo con los requerimientos de la organización.

La integración es fundamental ya que implica el reclutamiento, selección y la introducción del capital humano idóneo a las necesidades de la empresa, esta función comprende la elección de las fuentes de recursos humanos que cumplan los requisitos exigidos por la organización, la utilización de los medios más efectivos para atraer candidatos en un número suficiente y la selección de personal. La integración es una función continua, aunque en algunos periodos no se realice selección alguna, incluye la evaluación de posibles candidatos y la conformación de expedientes para futuras contrataciones.

La integración de personal comprende tres fases:

- Reclutamiento.
- Selección.
- Inducción.

2.2. RECLUTAMIENTO

El reclutamiento es un conjunto de actividades cuya finalidad es atraer candidatos debidamente calificados y que reúnan los requisitos para ocupar puestos dentro de la organización.

El reclutamiento es un medio con el cual la organización divulga y ofrece sus requerimientos de personal al mercado de trabajo. Para ser eficaz, el reclutamiento debe atraer un contingente de candidatos suficiente para realizar adecuadamente el proceso de selección.

El reclutamiento debe basarse en las necesidades presentes y futuras de la organización, su función consiste en la investigación y elección de las fuentes capaces de ofrecer a la organización un número suficiente de personas, entre las cuales sea posible seleccionar a las más idóneas, por tanto el reclutamiento es una actividad que tiene por objeto inmediato atraer candidatos, para seleccionar los futuros empleados de la organización.

Las actividades básicas que se realizan en el proceso de reclutamiento son:

- Investigar y analizar el mercado de personal.
- Aplicar técnicas de reclutamiento y elegir las fuentes más idóneas.
- Otorgar prioridad al reclutamiento interno sobre el externo.
- Orientar el reclutamiento hacia los criterios de selección, estándares de calidad y competencias establecidos.
- Estudiar el análisis de puesto solicitado así como las competencias para elegir las fuentes de reclutamiento más adecuadas.

Existen dos tipos de reclutamiento: interno y externo.

2.2.1. Reclutamiento interno

El reclutamiento es interno cuando, al presentarse determinada vacante, la empresa la cubre a través de sus empleados, ya sea por medio de concurso, convocatoria o por ascensos. Esta forma de reclutamiento es altamente motivadora y debe fundamentarse en:

- Resultados obtenidos por el candidato interno en las pruebas de selección tanto para su ingreso como para la plaza por la que concursa.
- Resultados de las evaluaciones del desempeño.
- Resultados de los programas de capacitación y desarrollo.
- Análisis del puesto que ocupa el candidato en la actualidad y del puesto que está considerándose.
- Planes de carrera o mapas de los movimientos de personal para conocer la trayectoria más adecuada del ocupante al cargo considerado.
- Condiciones de ascenso del candidato interno y de remplazo.

- Referencias y opiniones de los jefes y empleados que trabajen con el candidato.

Ventajas.

- Económico y rápido.
- Índice de validez y seguridad, ya que se conoce al candidato.
- Poderosa fuente de motivación para los empleados.
- Aprovecha la inversión en capital humano de la empresa.
- Se desarrolla un sano espíritu de competencia entre el personal.

Desventajas.

- Requiere que los empleados tengan potencial de desarrollo para ascender. Si la empresa no proporciona oportunidades de progreso en el momento adecuado, corre el riesgo de frustrar a los empleados en sus ambiciones, lo cual origina apatía, falta de motivación, desinterés o retiro.
- Puede generar conflictos, ya que el ofrecer oportunidades de ascenso en la organización, tiende a crear una actitud negativa en los empleados que no demuestran condiciones o que no logran.

El reclutamiento interno sólo puede utilizarse como única fuente cuando los candidatos internos igualen o superen en condiciones a los candidatos externos.

2.2.2. Reclutamiento externo

Las fuentes externas de reclutamiento están constituidas por los candidatos que provienen de fuera de la empresa. Entre éstas se consideran: periódicos, sindicatos, agencias, medios de comunicación, Internet, radio, TV, ferias de empleo, universidades y escuelas, bolsas de trabajo, referencias y asociaciones.

Las ventajas del reclutamiento externo son: trae "sangre

nueva" y nuevas experiencias, renueva y enriquece los recursos humanos, y aprovecha las inversiones en capacitación y desarrollo de personal efectuadas por otras empresas o por los propios candidatos. Algunas de sus desventajas son que tarda más que el reclutamiento interno y es más costoso. Entre las principales fuentes de reclutamiento externo se encuentran:

- *Fuentes directas.* Éstas incluyen las solicitudes por correo y personales, ya sean directas, de quienes acuden a la puerta de la empresa o por correo electrónico. Las solicitudes directas proporcionan una fuente de empleados potenciales que pueden contratarse cuando se presenten vacantes, esta fuente de reclutamiento en particular es libre de costo. Algunas empresas encuentran que pueden obtener todos los candidatos que necesitan por las solicitudes directas.
- *Anuncios.* La convocatoria puede efectuarse por los medios masivos de comunicación: periódicos, radio, volantes, televisión, revistas especializadas, internet, entre otros. Incluyen desde los anuncios clasificados del periódico local, hasta los anuncios hechos en la radio o por TV.
- *Organizaciones educativas.* El reclutamiento en las instituciones de educación superior, escuelas de oficios, vocacionales y en los colegios son excelentes medios. Hoy día muchas escuelas proporcionan la facilidad para contratar personal para las empresas a través de bolsas de trabajo e internet.
- *Agencias de empleo.* Se encargan de reclutar y seleccionar candidatos y orientarlos a las organizaciones que más se adapten a su perfil. El reclutamiento a través de las agencias de empleo privadas y públicas tiende a enfocarse en los empleados de oficina y en los gerentes de nivel medio y superior. Las agencias de empleo privadas ofrecen la ventaja de que reducen el tiempo que la empresa utilizaría en el reclutamiento, en la aplicación de pruebas y verificación de referencias ya que presentan candidatos preseleccionados.

- *Otras organizaciones.* Otros organismos que cuentan con este servicio son los sindicatos, los centros patronales, las cámaras de comercio, las cámaras industriales, etcétera.

2.2.3. Reclutamiento mixto

De preferencia, una empresa no debe realizar sólo un tipo de reclutamiento, las fuentes de reclutamiento deben complementarse, ya que, al utilizar reclutamiento interno, se debe encontrar un remplazo para cubrir el puesto que deja el individuo ascendido a la posición vacante y la meta debe ser encontrar a los mejores candidatos, lo más conveniente es utilizar fuentes de reclutamiento externo e interno para tener una mayor gama de candidatos y opciones de selección.

2.3. EL PROCESO DE SELECCIÓN

La elección de los empleados de acuerdo con los requerimientos de la organización se hace mediante el proceso de selección de personal.

La selección de personal es un conjunto de etapas y técnicas mediante las cuales se realiza una evaluación de las características y aptitudes de los candidatos para determinar cuál cumple con los requisitos y elegir al personal idóneo.

El proceso de selección de personal para que sea válido y objetivo debe sustentarse en el análisis del puesto que servirá como guía de todo el proceso de selección y en una serie de etapas y técnicas; de lo contrario si se realiza de manera empírica con base en "corazonadas" o recomendaciones puede seleccionarse a personal ineficiente o que no reúna el perfil requerido por la organización lo que originaría consecuencias que van desde baja productividad, altos costos, hasta otros más graves e irreversibles. Para efectuar un proceso científico de personal deben efectuarse las siguientes etapas:

1. **Recepción preliminar de candidatos.** Revisión de documentación y que el candidato reúne los requisitos básicos.
2. **Elaboración de solicitud de empleo.** Se usa para conocer los datos del solicitante y proporciona la información necesaria para llevar a cabo la entrevista inicial.
3. **Entrevista inicial.** Sirve para determinar si el candidato reúne los requisitos del perfil del puesto. La entrevista previa se utiliza para hacer una evaluación rápida de que tan aceptable para el puesto es el candidato.
4. **Aplicación de pruebas de conocimientos.** Las pruebas y exámenes de admisión son indispensables para evaluar las capacidades, aptitudes y competencias de los candidatos.
5. **Entrevista profunda.** Su objetivo es comprobar la autenticidad de la información y evaluar aspectos más específicos acerca de las competencias del candidato.
6. **Aplicación de pruebas psicométricas y de personalidad.**
7. **Entrevista de selección.** La realiza con el jefe inmediato para constatar que reúne todos los requisitos.
8. **Encuesta socioeconómica.** Consiste en la investigación de antecedentes y verificación de referencias, se comprueba la veracidad de la información proporcionada en la solicitud y la entrevista.
9. **Examen médico.** Es importante contar con información sobre el estado de salud físico del empleado; para ello se recurre a clínicas o consultorios médicos.
10. **Contratación.** Cuando el candidato ha aprobado todas las etapas anteriores, se realiza la entrevista de contratación en la que se le informa su aceptación y las condiciones de trabajo y del puesto.

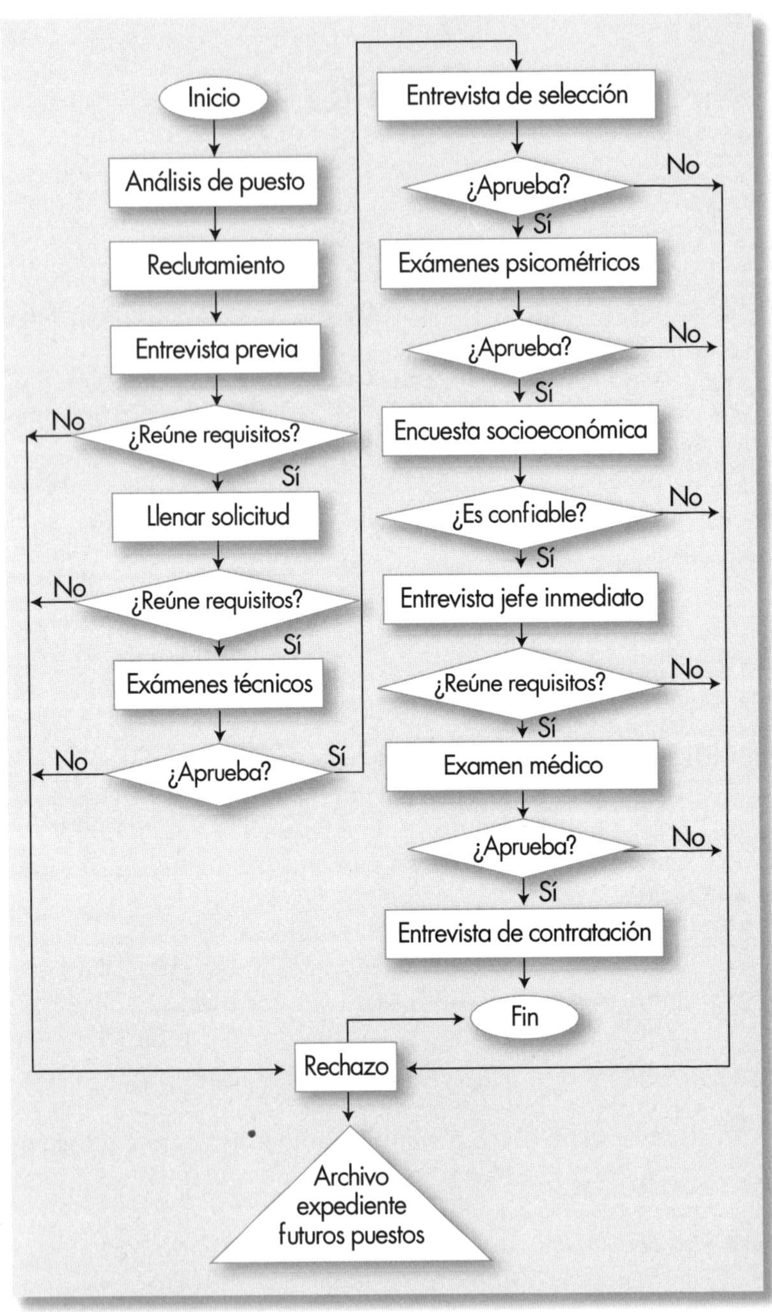

Figura 2.1. Procedimiento de selección.

11. **Inducción.** Es la introducción y bienvenida hacia la empresa, los compañeros y el puesto (fig. 2.1).

2.3.1. Solicitud de empleo

La solicitud de empleo, si está bien diseñada y se complementa con la entrevista, es una herramienta excelente para el proceso de selección, ésta debe contener información detallada que sirva para conocer los antecedentes escolares, laborales, intereses, experiencia y competencias del candidato.

Integración de personal

Proceso de selección de personal:

- Primera etapa: reclutamiento.
  Fuentes de reclutamiento:

  - Internas.
  - Externas: Anuncios-prensa, asociaciones y colegios, universidades y escuelas, internet, radio y TV, agencias pagadas, bolsas de trabajo, recomendaciones, pirateo, puerta de la empresa, por prestigio, archivos de solicitides.

- Segunda etapa: selección.

  - Solicitud.
  - Entrevista previa.
  - Exámenes de conocimientos mínimos que deben tenerse.
  - Exámenes psicométricos.
  - Encuesta socioeconómica.
  - Entrevista con el jefe inmediato.
  - Exámen médico.

- Tercera etapa: inducción.

Figura 2.2

2.3.2. Entrevista

Es la técnica de selección más utilizada, aunque si no se aplica adecuadamente puede carecer de bases científicas y ser de carácter subjetivo. Generalmente la entrevista es uno de los factores que más influye en la decisión respecto de la aceptación o rechazo de un candidato al empleo.

Las características y etapas que debe reunir la entrevista son:

- Establecer un clima de confianza o "rapport".
- Ir de lo simple a lo complejo.
- Diseñar un guión de entrevista de acuerdo con el tipo de entrevista y aplicarlo en todos los casos.
- Evitar preguntas transparentes o demasiado obvias.
- Anotar respuestas y datos importantes.
- Dar las gracias al final.
- Entrevistar no ser entrevistado.

En toda entrevista debe prevalecer la honestidad y objetividad por parte del entrevistador. Además de los requisitos anteriores, las entrevistas para ser válidas deben cubrir ciertos requerimientos mínimos: privacía, claridad, cortesía, respeto, objetividad, control y anotación de los resultados en el guión. Existen diversos tipos de entrevistas de selección de personal:

- *Entrevista inicial.* Se realiza una vez que el candidato ha llenado la solicitud, sirve para descartar a todos aquellos que no reúnan los requisitos.
- *Entrevista profunda.* Su finalidad es ampliar los datos del solicitante y conocer aspectos de su personalidad, trabajo, aspiraciones y competencias.
- *Entrevista previa a la contratación.* Normalmente la realiza el futuro jefe inmediato del aspirante para evaluar sus capacidades, experiencias y actitudes.
- *Entrevista formal de ingreso.* También denominada de contratación, en ésta se le comunica al candidato acerca de su aceptación, sus responsabilidades, sueldo, condiciones de trabajo, reglamentos y prestaciones de la empresa.

Las entrevistas de trabajo se efectúan con el personal que labora dentro de la empresa para conocer diversos aspectos tales como desempeño y aspiraciones, las más usuales son:

- *Entrevistas de progreso y de ajuste.* Su finalidad es conocer el avance del personal de nuevo ingreso.
- *Entrevistas de orientación y consejo.* Sirven para orientar al personal en diversos problemas o situaciones.
- *Entrevistas de rutina.* Su objetivo es dar a conocer diversos asuntos y orientar sobre trámites e información en general.
- *Entrevistas de evaluación.* Para valorar la actuación del personal y el clima organizacional.
- *Entrevistas de salida.* Son de vital importancia y sirven para conocer las causas de renuncia de los empleados (fig. 2.3).

Véase guiones de entrevista en el CD interactivo.

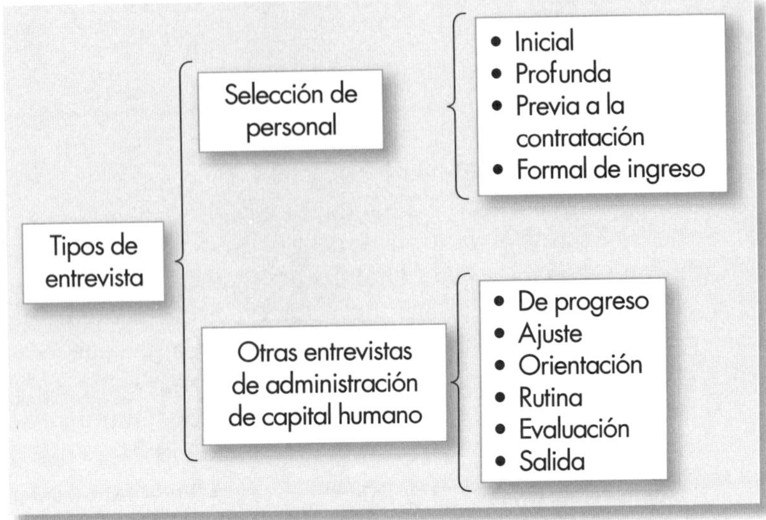

Figura 2.3. Tipos de entrevista.

2.3.3. Exámenes de admisión

El examen de admisión es una "prueba" o conjunto de éstas cuya finalidad es conocer las reacciones mentales, perceptivas y sensoriales del individuo para mensurar aspectos tales como personalidad, inteligencia, conocimientos, aptitudes y competencias para decidir su aceptación o rechazo a una empresa.

Los exámenes de admisión pueden ser:

- De conocimientos y aptitudes. Miden conocimientos generales o específicos; evalúan conocimientos técnicos directamente relacionados con el puesto.
- Psicométricos. Miden coeficiente intelectual.
- Psicológicos. Evalúan rasgos de personalidad, valores y actitudes.

La personalidad está influenciada por factores genéticos, sociales y culturales; ésta influye en las competencias laborales por eso es importante contar con diversas herramientas para evaluar la personalidad y actitudes de los aspirantes a ingresar a la organización, ya que éstos son determinantes en su desempeño laboral y difícilmente pueden ser modificados (fig. 2.4).

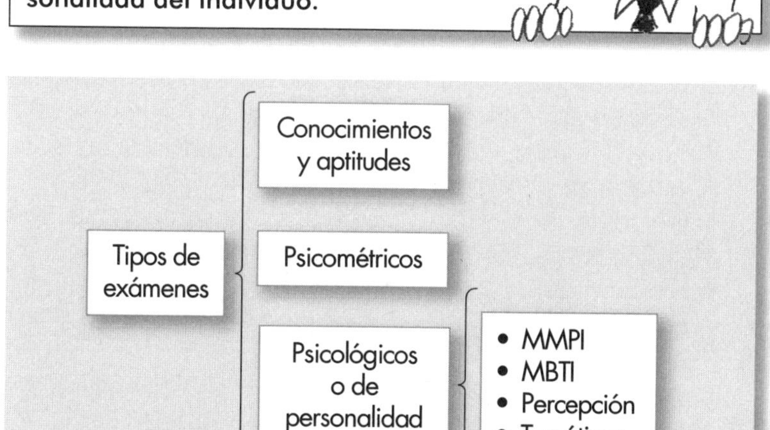

Figura 2.4. Tipos de exámenes de selección.

Algunos instrumentos para evaluar personalidad y actitudes son:

- *Inventario de personalidad multifásica de Minnesota.* Conocido como MMPI por sus siglas en inglés: Minnesota Multiphasic Personality Inventory, está integrado por una batería de preguntas que abarca áreas como salud, sistemas psicosomáticos, actitudes sociales y otros.
- *Indicador de tipos de Myers Briggs.* El Myers Briggs Type Indicator (MBTI) clasifica la personalidad en diversos tipos como extrovertidos, introvertidos, perceptivos o juiciosos, intuitivo racional, sensitivo emocional, e intuitivo emocional.
- *Pruebas de percepción temática.* Es una prueba proyectiva en la que se muestran algunos dibujos y se pide elaborar un relato de éstos y con base en esto se determinan las motivaciones y problemática personal.

Como un examen es un instrumento de medición, para que éste sea satisfactorio debe reunir las siguientes características:

- *Estandarización.* Debe haber sido aplicado y ponderado a un gran número de individuos.
- *Validez.* Debe medir lo que se quiera medir, cuantificando con precisión.
- *Objetividad.* Que los resultados sean independientes de las opiniones subjetivas del examinador.
- *Uniformidad.* Que la interpretación de los resultados no varíe.

También es importante mencionar que las pruebas no deben ser consideradas como infalibles y como único medio de selección; el criterio y el sentido común para su aplicación e interpretación son básicos. Los exámenes son sólo una parte en el proceso de selección de personal.

Las pruebas psicométricas son un conjunto de pruebas psicológicas que se aplican para evaluar el coeficiente intelectual, aptitudes, habilidades y personalidad de los aspirantes a un puesto.

2.3.4. Encuesta socioeconómica y examen médico

La verificación de referencias, la encuesta socioeconómica y la investigación de antecedentes penales, son instrumentos auxiliares en la selección, siempre y cuando se interpreten con criterio y sean realizadas por personal preparado. Sirven para dar una visión más completa del solicitante. Las encuestas socioeconómicas verifican aspectos como: situación económica, familiar, social y antecedentes penales.

El examen médico es indispensable para garantizar el buen estado de salud del personal contratado.

2.3.5. Contratación

Una vez que se han aprobado todas las etapas anteriores se procede a efectuar la contratación del personal que puede ser: por nómina, eventual, de planta o por honorarios.

En el momento de la contratación es muy importante dar a conocer al nuevo empleado las condiciones generales de su trabajo; prestaciones, sueldo, periodo de prueba, reglas generales en la empresa, con la finalidad de evitar malentendidos. La descripción y requerimientos del puesto deben ser también explicados ampliamente en el proceso de inducción.

2.4. INDUCCIÓN O INTRODUCCIÓN

La inducción, también conocida como introducción, es la preparación que recibe el empleado antes de asumir la responsabilidad de un puesto, comprende información tanto de la empresa como de las actividades propias del puesto.

La inducción implica iniciar apropiadamente al empleado en su trabajo, un programa de introducción debe abarcar los siguientes aspectos:

- Bienvenida a la empresa. Curso de inducción acerca de los valores, filosofía de la organización, reforzado con información como, manuales, reglamentos e instructivos, videos que expliquen la historia de la empresa, antecedentes, giro, prestaciones, misión, productos, clientes, etc. Esto puede realizarse con medios audiovisuales.
- Recorrido por la empresa, sus instalaciones y el lugar de trabajo.
- Una presentación con más detalle, mediante folletos o reglamentos de las políticas, servicios y prestaciones.
- Manual de puesto.
- Curso de capacitación en el puesto.
- Bienvenida y presentación con los compañeros de trabajo y el jefe inmediato.

Un buen programa de inducción proporciona información suficiente para preparar a los nuevos empleados para adaptarse fácilmente a su puesto y desempeñarlo eficientemente; a la vez promueve el desarrollo del personal y su compromiso hacia la empresa.

La labor de inducción debe ser realizada no sólo por el área de personal, sino por el área en donde trabajará el nuevo empleado. Muchas veces un programa de inducción es arruinado por los jefes, quienes debido a una sobrecarga de trabajo no reciben cordialmente ni informan adecuadamente al personal de nuevo ingreso. Para que un nuevo empleado desarrolle sus potencialidades, requiere de un ambiente de confianza que se propicia a través de: la cordialidad, atención, cortesía y respeto.

Un método sencillo y económico, para introducir al personal de nuevo ingreso, es el llamado método del "acompañante", que puede ser otra persona que desempeñe un puesto similar en la misma área y que lo presente e introduzca en su nuevo puesto. Esta función también puede ser desempeñada por el área de personal o por el jefe inmediato (fig. 2.5).

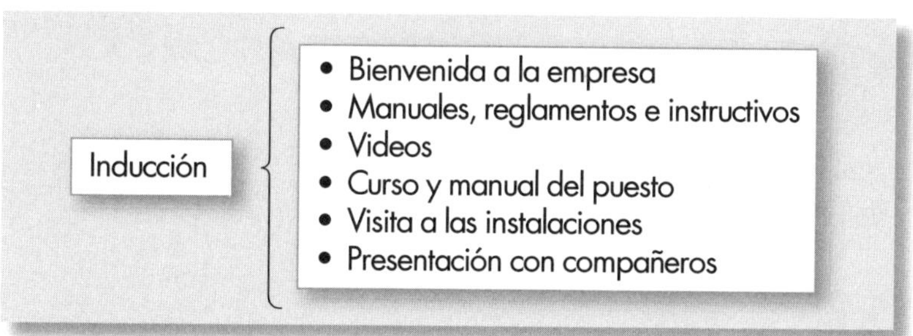

Figura 2.5. Elementos del proceso de inducción.

2.5. GESTIÓN POR COMPETENCIAS Y EL PROCESO DE SELECCIÓN

Cuando se trabaja por competencias, las etapas del proceso de selección anteriormente mencionadas se enfocan a la evaluación de competencias definidas en el perfil del puesto.

Tanto en las entrevistas como en los exámenes será necesario incluir preguntas para detectar competencias. Además de las entrevistas individuales, se puede utilizar la técnica de entrevistas grupales en las que varios evaluadores entrevistan a los candidatos, de acuerdo con un guión, para evaluar las competencias de los aspirantes y efectuar los registros correspondientes. También es posible aplicar el método de casos, o las pruebas situacionales, en las que se evalúa al candidato de acuerdo con los resultados que obtenga en la solución de un caso referente al ámbito laboral en el que se desempeñará aplicado a una situación de tipo conductual que evalúe las competencias requeridas por el puesto.

Otra herramienta para evaluar competencias individuales es la entrevista sobre hechos críticos, el objetivo de esta entrevista es obtener información detallada acerca del comportamiento que el aspirante haya tenido durante situaciones reales relacionadas con las competencias requeridas.

AUTOEVALUACIÓN

I. Anote en el paréntesis una **V** si la aseveración es verdadera y una **F** si es falsa.

1. La inducción es el proceso a través del cual la organización convoca, elige e introduce a las personas más adecuadas de acuerdo con sus requerimientos.	( )
2. La integración de personal comprende dos fases: reclutamiento y selección.	( )
3. La integración es un conjunto de actividades cuya finalidad es atraer candidatos debidamente calificados y que reúnan los requisitos para ocupar puestos dentro de la organización.	( )
4. El reclutamiento externo debe fundamentarse en: resultados obtenidos por el candidato interno en las pruebas de selección para su ingreso como para la plaza por la que concursa, resultados de las evaluaciones del desempeño, análisis del puesto que ocupa el candidato en la actualidad y del puesto que está considerándose.	( )
5. Algunas de las ventajas del reclutamiento externo son que es económico y rápido y que tiene un índice de validez y seguridad alto.	( )
6. Las fuentes de reclutamiento externo incluyen periódicos, sindicatos, agencias e Internet.	( )
7. Las solicitudes directas de reclutamiento incluyen las solicitudes por correo y personales.	( )
8. En el proceso de inducción se determina el candidato que mejor cumple con los requisitos para la vacante.	( )
9. La contratación del personal que puede ser: por nómina, eventual, de planta o por honorarios.	( )
10. La selección de personal comprende el conjunto de actividades que se realizan con objeto de guiar, orientar e integrar a los empleados en el ambiente de trabajo y en el puesto.	( )

II. Conteste las siguientes preguntas:

1. Realice un cuadro sinóptico del proceso de integración de personal de la empresa.
2. Mencione las actividades básicas que realiza el proceso de reclutamiento.
3. ¿Cuáles son los tipos de reclutamiento que se realizan dentro de las organizaciones? Describa cada uno de éstos.
4. Realice un cuadro comparativo con las ventajas y desventajas de cada uno de los tipos de reclutamiento.
5. Defina las etapas del proceso de selección de personal.
6. ¿Cuáles son las etapas que debe contener el programa de inducción? Defina cada una de éstas.

III. Resuelva los ejercicios de refuerzo y la autoevaluación en el CD interactivo. Estudie la sección "Saber más". Sólo así habrá completado sus conocimientos.

Administración de sueldos y salarios

OBJETIVOS:

Objetivo general. Al final del capítulo el lector aplicará las técnicas de administración de sueldos y salarios.

Objetivos específicos. El lector:

- Explicará las principales subfunciones de la administración de retribuciones y su relación con la gestión por competencias.
- Describirá los elementos de la administración de sueldos y salarios.
- Enumerará las técnicas de evaluación del puesto y evaluación del desempeño.
- Describirá la importancia de los servicios y prestaciones y su relación con la administración de retribuciones.
- Explicará en qué consisten los distintos tipos de incentivos y su importancia.
- Elaborará un plan de retribuciones aplicando las técnicas estudiadas a un caso práctico u organización.
- Describirá la importancia de las prestaciones.

COMPETENCIAS:

- Elaborará y aplicará programas de administración de retribuciones con equidad, justicia y responsabilidad.

Administración de sueldos y salarios

3.1. CONCEPTO

> La administración de sueldos y salarios es el conjunto de técnicas cuya finalidad es lograr una retribución más justa y equitativa de todos y cada uno de los miembros de la empresa.

A la administración de sueldos y salarios también se le denomina administración de retribuciones o de compensaciones. La administración de sueldos y salarios es de gran importancia ya que mediante ésta deben satisfacerse las necesidades básicas del personal; a través de su adecuada aplicación se logra un mayor compromiso, mayor estabilidad, y mejor calidad de vida del personal de la organización.

A través de la administración de sueldos y salarios se aplican principios y técnicas para lograr que la remuneración que recibe el trabajador sea adecuada a la capacidad que se requiere para el desempeño del puesto. Las funciones básicas de la administración de retribuciones son:

- Valuación de puestos.
- Encuestas salariales.
- Análisis de puestos.
- Salarios e incentivos.
- Evaluación del desempeño.

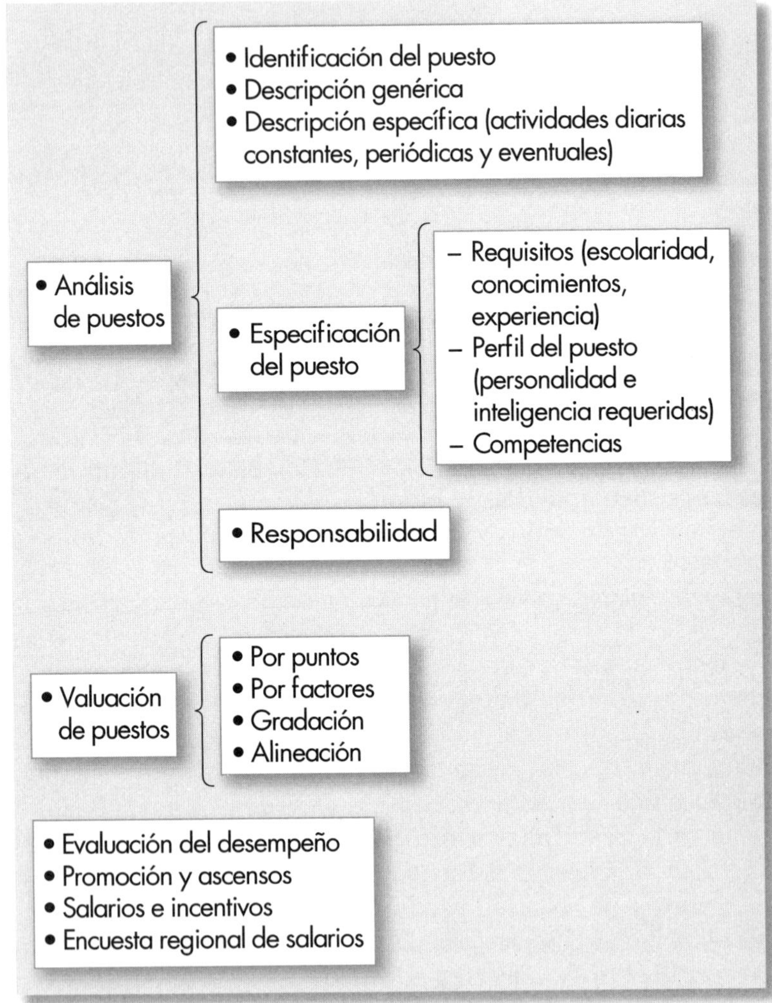

Figura 3.1. Técnicas de administración de sueldos y salarios.

3.2. ANÁLISIS DE PUESTOS

Concepto

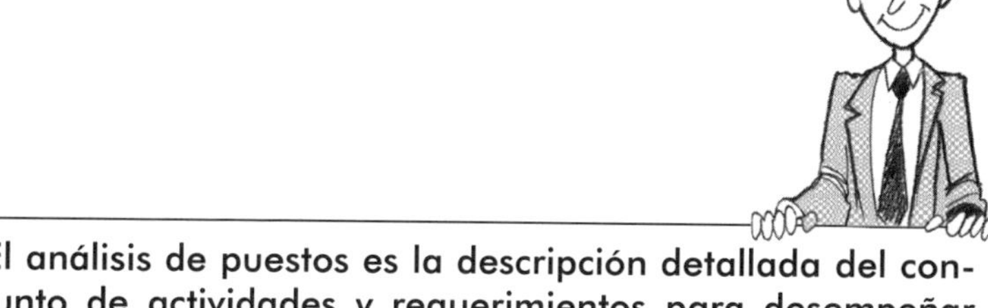

El análisis de puestos es la descripción detallada del conjunto de actividades y requerimientos para desempeñar una unidad de trabajo específica e impersonal.

Puesto es la unidad de trabajo específico e impersonal.

Elementos

El análisis de puestos está integrado por los siguientes elementos:

- *Identificación del puesto.* Incluye todos los datos que nos sirven para identificar el puesto.
- *Descripción genérica.* Es una descripción general de las actividades más importantes desempeñadas en el puesto.
- *Descripción específica.* Consiste en una descripción detallada de todas las actividades desarrolladas en el puesto. Se integra por tres secciones: actividades diarias y constantes, actividades periódicas y actividades esporádicas.
- *Requisitos del puesto o especificación del puesto.* Incluye la descripción de todos los factores indispensables para desempeñar el puesto tales como: escolaridad, conocimientos, requisitos intelectuales, de personalidad, físicos, competencias, responsabilidad y riesgos.

Técnicas

El análisis de puestos debe ser elaborado por el departamento de personal en colaboración con el área involucrada mediante la utilización de las siguientes técnicas:

a) *Observación.* Se reúne información por medio de la observación del trabajo desempeñado en el puesto y de la aplicación del cuestionario correspondiente.

b) *Entrevistas.* Este método se basa en que el empleado que desempeña el cargo proporciona información respecto al puesto de acuerdo con el formato.

c) *Autorización del jefe inmediato.* El jefe inmediato lleva registros de las actividades del personal que desempeña el puesto y confirma que la información proporcionada por el empleado es correcta.

d) *Muestreo del trabajo.* Esta técnica consiste en observar las actividades del empleado en distintas horas aplicando un muestreo al azar.

e) *Cuestionario basado en el formato.* Se solicita al empleado que llene un formato. Se complementa con la observación, el muestreo de trabajo y la entrevista con el jefe inmediato. Este es el método más aconsejable (véase CD).

3.3. VALUACIÓN DE PUESTOS

Concepto

La valuación de puestos es la aplicación de técnicas para asignarle un valor monetario a un puesto de acuerdo con sus características y requisitos.

Etapas

Las etapas para efectuar la valuación de puestos son:

1. *Planeación.* En esta etapa se definen los objetivos y la metodología así como el programa que se va a seguir y, por supuesto, se considera la sensibilización de todo el personal involucrado. Implica la aprobación de la gerencia y del sindicato.
2. *Integración del Comité de Valuación.* Generalmente se integra por un representante del área de recursos humanos, un representante del sindicato, un representante de la dirección y en ocasiones un representante del área que se va a evaluar.
3. *Selección de un método de valuación de puestos.* Al seleccionar un método de valuación de puestos, habrá que elegir el que más se adapte a las necesidades y características de la organización.
4. *Aplicación del método.* En esta etapa se realiza la valuación de los puestos, misma que requiere de una información precisa respecto al puesto, por lo que debe basarse en el análisis de puestos.

3.3.1. Métodos de valuación de puestos

Existen cuatro métodos fundamentales para la valuación del puesto: método de gradación previa o clasificación; método de alineamiento o de valuación por series, método de comparación de factores y método de valuación por puntos. La empresa debe elegir el que se adapte más a sus requerimientos y recursos.

I. *Método de gradación previa o clasificación*

Consiste en clasificar los puestos en niveles, clases o grados de trabajo, previamente establecidos.

Metodología:

- Fijación previa de grados de trabajo.
- Clasificación de los puestos dentro de los grados.

Ventajas:

- Sencillo y rápido.
- De fácil comprensión.
- Aceptado con relativa facilidad.
- Requiere de un costo pequeño para su instauración.
- Se presta para hacer valuaciones en empresas cuyo personal forme grupos claramente definidos.

Desventajas:

- En ocasiones es un juicio superficial sobre el valor de los puestos.
- Los puestos se valúan globalmente, sin distinguir los elementos o factores que lo integran.
- No establece jerarquía entre los puestos clasificados en el mismo grado.
- Elimina sólo en una pequeña parte la subjetividad.

II. *Método de alineamiento o de valuación por series*

Se ordenan los puestos mediante el promedio de las series de orden, formadas cada una, por los miembros de un comité de valuación.

Metodología:

- Integración de un comité.
- Definición de puestos tipo.
- Formación de series de orden o categorías de puestos.
- Promedio de las series.
- Ordenamiento de los puestos tipos.

- Repetición de las operaciones anteriores.
- Arreglo de los salarios fuera de orden.
- Clasificación de los demás puestos.

Ventajas:

- Es fácil, rápido y accesible.
- Parte de la realidad y no de criterios preestablecidos.
- Representa un promedio de apreciaciones y, por lo mismo, existe una mayor garantía de objetividad.
- Puede ser útil en empresas de escaso personal.

Desventajas:

- Valúa al puesto en su conjunto, sin analizar los elementos o factores que lo integran.
- Representa un promedio de apreciaciones subjetivas, que no se fundamentan en elementos técnicos con suficiente amplitud.
- Considera iguales distancias entre cada puesto y entraña el peligro de que los salarios reflejen esa situación, sin considerar las diferencias que realmente existan.

III. *Valuación por puntos*

Este método consiste en ordenar y valuar los puestos, asignando cierto número de unidades de valor, llamadas puntos, a cada uno de los factores que los forman.

Metodología:

- Organización del comité de valuación.
- Determinación de puestos tipo.
- Determinación de factores (habilidad, esfuerzo, responsabilidad, condiciones del trabajo), con base en el análisis de puestos.
- Establecimiento de grados en los factores.

- Definición de factores y sus grados.
- Ponderación de factores.
- Asignación de puntos a los grados.
- Valuación de los puestos.
- Corrección de los salarios.
- Elaboración de una gráfica de salarios.
- Clasificación de salarios.

Ventajas:

- Es más justo ya que parte de bases objetivas.
- Aplicable a cualquier tamaño de empresa.
- Analiza los elementos o factores que integran el puesto.
- Considera diferentes distancias entre cada puesto.

Desventajas:

- Costoso.
- Puede resultar complicado.
- En ocasiones es difícil de entender y de realizar.

IV. *Comparación de factores*

Este método, que constituye en realidad una mejora al método por alineación, consiste en ordenar los puestos de una empresa, en función de sus factores principales tales como: habilidad, esfuerzo, responsabilidad y condiciones de trabajo y asignar valor monetario a cada uno de los factores.

Metodología:

- Integración del comité.
- Determinación de puestos tipo.
- Selección de factores.
- Distribución del salario entre los factores.
- Promediación de salarios por factor.

- Formación de series en función de cada factor.
- Registro general de las series formadas por factor.
- Comparación del orden de puestos con la escala de salarios.
- Determinación de las series finales por factor.
- Valuación de los demás puestos.

Ventajas:

- Se valúa al puesto, ya no en su conjunto, como los métodos elementales, sino a partir de sus elementos o factores.
- El uso de un número reducido de factores hace relativamente sencillo su manejo.
- Es más técnico que el método de alineamiento.

Desventajas:

- La inclusión de la escala monetaria limita parcialmente la valoración objetiva de los puestos.
- En ocasiones un número escaso de factores, limita la apreciación correcta de la realidad.

Para conocer con mayor detenimiento estos métodos se sugiere aplicar el caso práctico que aparece en el CD interactivo.

3.4. INCREMENTOS SALARIALES, ASCENSOS Y PROMOCIONES

Existen varios métodos para calcular incrementos salariales:

- *Tabulador.* Este es el más usual, se concede un porcentaje anual de incremento salarial con base en alguno de los siguientes criterios: inflación, índices de precios, ventas, acuerdos sindicales, entre otros.
- *Antigüedad.* Se incrementa el salario del personal sólo sobre la base de su tiempo de servicio, los sistemas de

antigüedad suelen ser aconsejables cuando los puestos no requieren grandes diferencias individuales en el desempeño, cuando por la naturaleza del puesto es muy difícil evaluar o cuando los empleados están sindicalizados y existen fuertes presiones del sindicato.

- *Evaluación del desempeño.* Normalmente el jefe inmediato realiza la calificación de méritos, los aumentos se determinan por el desempeño en el puesto más que por su antigüedad, se incrementa el salario de acuerdo con los niveles de eficiencia. Generalmente existe un formato para calificar el desempeño e indicadores para traducir los resultados de desempeño en incrementos salariales.
- *Objetivos y resultados.* Uno de los sistemas más justos es conceder aumentos de acuerdo con el logro de los objetivos y resultados del plan anual.

Para el caso de los ascensos y promociones los sistemas más usuales son:

- *Escalafón.* Existe una escala de jerarquías de puestos predeterminados conforme a la cual se conceden los ascensos.
- *Concurso o convocatoria.* Se convoca a los empleados a ocupar un puesto, a realizar una serie de pruebas y el ascenso se concede al más calificado.
- *Plan de carrera.* De acuerdo con el plan de carrera, los conocimientos, habilidades y experiencia se predeterminan los ascensos y promociones.
- *Evaluación del desempeño.* La consecución de metas y resultados es uno de los métodos más justos para conceder ascensos.
- *Recomendación del jefe inmediato o de los directivos.* Una de las formas más usuales es la recomendación de los directivos o del jefe inmediato quienes al conocer el desempeño del personal a su cargo proponen al que consideran más calificado para un ascenso, tiene la desventaja de que puede resultar poco objetivo.

3.5. EVALUACIÓN DEL DESEMPEÑO

Concepto

La evaluación del desempeño es el proceso a través del cual se valora el desarrollo del personal en su trabajo.

Es un proceso mediante el cual se valora el desarrollo laboral y el potencial del subordinado. Es una base para otorgar ascensos, premios y también sirve para capacitación y desarrollo, mejora y motivación. Su adecuada utilización es importante ya que las recompensas pueden incidir en conductas y aspectos como rotación, compromiso y productividad.

Un criterio o indicador es una medida para valorar la eficiencia de los empleados.

La fijación de criterios para evaluación del desempeño es importante.

Los indicadores deben ser fiables, válidos y accesibles. De acuerdo con su objeto, la evaluación puede orientarse a las características del trabajo, a las conductas o a los resultados.

Métodos de evaluación del desempeño

Existen tres métodos básicos de evaluación del desempeño:

a) Rasgos. Los que se basan en la calificación de las características del trabajador. Se utilizan técnicas como las escalas gráficas de calificación. Se evalúan las características y cualidades del empleado mediante una forma de lista checable en la que aparecen diversos grados. Las escalas gráficas de calificación son formatos que evalúan las características del trabajo en donde se establecen diversos grados; son las más utilizadas y tienen la ventaja de su sencillez.

b) Escalas de calificación de conductas. También conocidas como escalas de evaluación conductuales, se apoyan en la aplicación de incidentes críticos que son actividades observables que permiten realizar inferencias acerca del empleado y se enfocan al desempeño de las habilidades. La utilización de este tipo de escalas es más costosa y complicada. Las escalas de calificación conductuales toman como base los incidentes críticos que son actividades y actitudes observables y permiten realizar inferencias y precisiones del trabajador.

c) Evaluación por logros o resultados obtenidos. Es el método más justo y fácil de utilizar, con base en la administración por objetivos, o sea los objetivos y/o resultados que el mismo empleado establece en coordinación con su jefe inmediato y que sirven para lograr los objetivos generales de la organización.

Independientemente del método que se utilice para evaluar el desempeño lo más importante es retroalimentar a los empleados evaluados con la finalidad de solucionar posibles problemas y establecer medidas de mejora. También es importante antes de iniciar el proceso de evaluación del desempeño, sensibilizar a los empleados y comunicarles los medios que se utilizarán; por otra parte los evaluadores deberán ser objetivos y justos. Normalmente el jefe inmediato es quien funge como evaluador, pero para obtener medidas más completas también pueden participar con evaluaciones aparte, los compañeros de trabajo, los clientes externos y los clientes internos.

Aunque la mayoría de los autores concuerdan en la importancia de la evaluación del desempeño, Edwards Deming uno de los precursores de la calidad total y la mejora continua, considera que la evaluación del desempeño tiene desventajas ya que:

- Ocasiona sentimientos negativos en los evaluados, estrés y temor.
- No fomenta el trabajo en equipo y la calidad.
- En ocasiones es demasiado subjetiva.

Para evitar estos inconvenientes es necesario utilizar indicadores válidos y confiables y preparar a los evaluadores y a los evaluados.

3.6. SALARIOS E INCENTIVOS

El salario es la remuneración que el empleado recibe a cambio de su trabajo.

La forma tradicional de pago, y por ello la más común, es el cálculo por cuota diaria, este tipo de pago es fácil de entender y administrar, pues permite que los sueldos sean calculados rápidamente. También existe el salario a destajo o por obra, así como el sueldo quincenal o mensual.

Existen múltiples formas de pago dependiendo del tipo y nivel jerárquico del puesto. A continuación se describirán los más comunes, para puestos operativos y administrativos, ya que a los cargos directivos se les remunera e incentiva bajo otros criterios; generalmente mediante bonos de productividad. Como ya se explicó, los salarios deben ser justos y equitativos ya que son el primer factor motivador en el trabajo de acuerdo con Maslow. Para lograr una planta estable y capacitada de trabajo, es indispensable contar con un sistema de salarios que garantice el bienestar del elemento humano.

Existen dos tipos básicos de salarios:

a) *Salario por unidad de tiempo.* Es el más usual se paga por semana, quincena o mes, aunque también puede ser por hora, por día, etc. El salario se calcula con base en el tiempo que el empleado trabaja independientemente de su rendimiento. Es el más usual aunque no estimula la productividad.

b) *Salarios por rendimiento o por obra.* La remuneración se relaciona con la productividad y los resultados.

Incentivos y recompensas

La principal finalidad de un programa de recompensas y/o incentivos es incrementar los niveles de productividad y motivación a la vez que mantener una planta estable de trabajo (fig. 3.2).

Los incentivos pueden ser extrínsecos e intrínsecos. Los incentivos extrínsecos son aquellos adicionales al trabajo, como por ejemplo financieros, la promoción, ascensos y los beneficios como bonos, premios y prestaciones complementarias. Los incentivos intrínsecos forman parte del trabajo en sí mismos: como por ejemplo la satisfacción del deber cumplido,

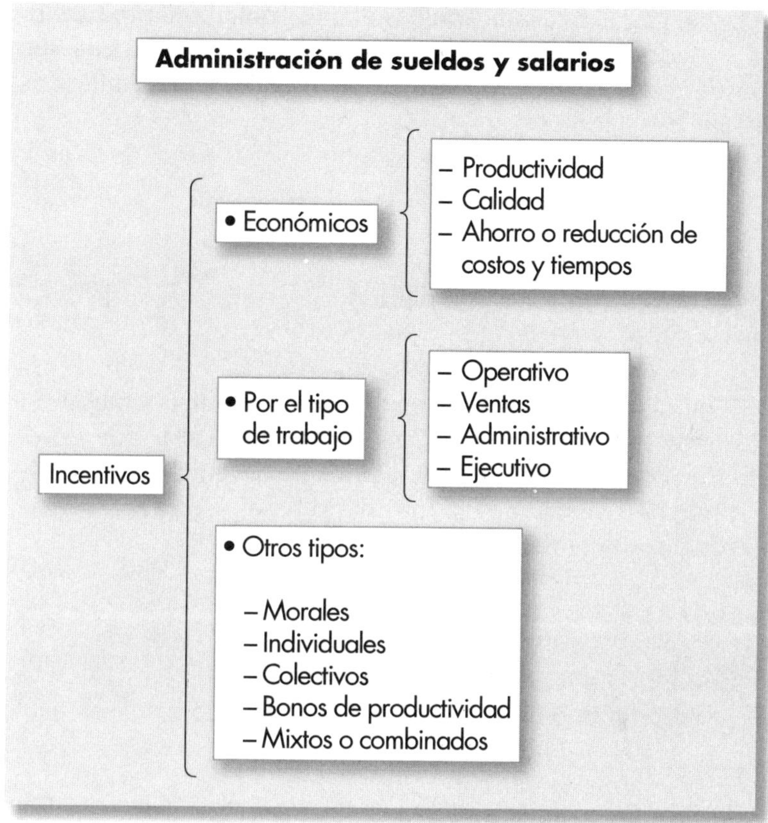

Figura 3.2. Tipos de incentivos.

el logro y el desarrollo personal y/o profesional que obtiene el empleado al desempeñar su trabajo. En los países en vías de desarrollo, generalmente los salarios son bajos, por lo que los incentivos más utilizados son los extrínsecos. Sin embargo lo deseable es combinar ambos.

Los principales sistemas de salarios incentivos para personal operativo son:

Pago por pieza o a destajo. Este sistema es el más utilizado, consiste en establecer una tarifa por cada unidad producida, y el pago se calcula con base en el número de productos, por supuesto que el salario diario por destajo no puede ser inferior al que establecen las leyes del trabajo. La fórmula para calcular el salario es:

$$S = n \times t$$

donde: S = salario
n = número de piezas
t = tarifa

Este sistema es fácil de entender y calcular aunque en ocasiones puede ir en demérito de la calidad ya que en el afán de producir mayores cantidades se descuida la calidad.

Sistema Halsey. Se fija un salario base y se paga 50 % de incentivo sobre el tiempo ahorrado:

$$Sal = S_b + p \, (He - Hr) \, Sb$$

donde: S_b = salario base
p = bonificación por hora ahorrada
He = hora estimada
Hr = hora real
Sbh = sueldo base por hora

Es más complicado que el anterior y los trabajadores no fácilmente lo aceptan.

Sistema Rowan. Es una variación del Halsey. La bonificación que se concede al trabajador está en proporción al tiempo ahorrado sobre el tiempo estándar fijado:

$$Sal = Sb + \frac{He - Hr}{He} \, (He - Hr) \, Sbh$$

Sistema de tiempo estándar. El tiempo estándar es una variante del sistema a destajo, se asigna a cada unidad de producción el tiempo necesario para fabricarla de acuerdo con estudios de tiempos y movimientos, si la pieza se fabrica en menor tiempo al trabajador se le paga la tarifa normal más una bonificación por tiempo ahorrado:

$$Sal = \frac{He \times Sb}{Hr}$$

Sistema Barth. En éste se paga un salario de acuerdo con el rendimiento, en rendimiento normal se paga el salario base y cuando se supera la norma de eficiencia se paga incentivo hasta cierto límite de tal forma que el incentivo nunca sea superior a 100 % del salario normal.

$$Sal = Sbh \sqrt{He\,Hr}$$

Sistema Bedoux. Se le paga el trabajador un salario base de garantía hasta la eficiencia normal, una vez que rebase este estándar se paga 75 % del tiempo ahorrado, la unidad de trabajo es un minuto trabajo. Por ejemplo: una unidad producida que requiere .15 minutos es equivalente a .15 B lo que equivale a un estándar de 32 piezas, por lo que al trabajador que produzca más de 32 piezas se le otorga el incentivo.

Tasas elevadas por pieza. Se otorga un salario base hasta el 100 % de eficiencia y se le otorga un incentivo superior al incremento de producción y reducción de costos. Este sistema es complejo por lo que es poco comprensible para el trabajador.

Sistema Taylor o de tarifas diferenciales. Establece un estándar de producción, si el trabajador no lo alcanza su salario es inferior, si logra 100 % recibe 50 % de incentivo, conforme incrementa la producción se incrementa el salario.

Sistema Gantt. Se establece una norma de producción, generalmente es más alta que la promedio de producción. Si se alcanza la norma se le paga una prima entre 20 % o 30 % y si la supera se le paga una tasa adicional.

Sistema Merrick. Muy similar al Taylor, si se obtiene 83 % o menos se retribuye al trabajador en forma proporcional, si supera esta cantidad, se concede una prima de 10 %. Si supera 110 % se le paga otra suma de 10 % y cuando rebasa esta cantidad se paga de acuerdo con el sistema Taylor.

Los anteriores sistemas de incentivos son para personal operativo, pero también existe otro tipo de premios, bonos e incentivos para personal de niveles jerárquicos más altos.

La organización puede establecer las variantes que considere convenientes de acuerdo con sus necesidades y recursos; por tanto es posible aplicar muchas otras formas de sistemas de incentivos entre los más usuales están: incentivos o bonos por productividad, incentivos sobre calidad y ahorro, incentivos o premios grupales, incentivos morales, económicos y otro tipo de prestaciones.

3.7. ENCUESTA REGIONAL DE SALARIOS

Los criterios más comunes para la elección de las empresas a encuestar que deberán ser tomadas como muestra del mercado de trabajo, son los siguientes:

- *Localización geográfica.* Las empresas encuestadas son las que están situadas en la zona geográfica más cercana a la empresa.
- *Competencia.* Se investigan salarios de puestos en empresas de la competencia.

- *Tamaño de la organización.* Se encuesta a empresas de una magnitud similar ya que muchos puestos están retribuidos de acuerdo con el tamaño de la organización.
- *Política salarial.* Cuando la empresa desea una política salarial agresiva, investigará empresas con políticas salariales más avanzadas.

La encuesta regional de salarios reviste una gran importancia para las organizaciones ya que a través de ésta es posible conocer los salarios en la zona de trabajadores que desempeñan puestos similares, de tal manera que facilita la toma de decisiones en relación con la política salarial de la organización.

3.8. SERVICIOS Y PRESTACIONES

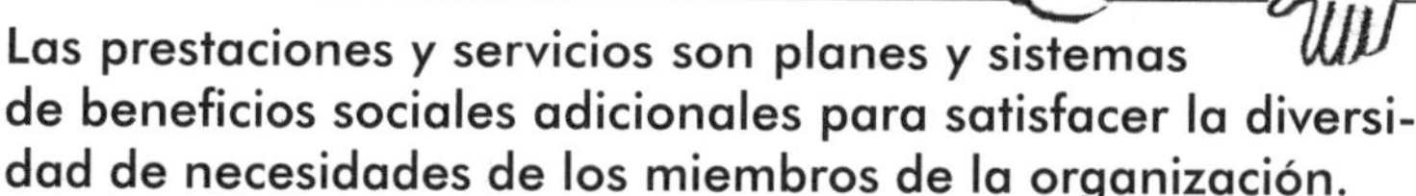

Constituyen un medio de motivación, mayormente utilizado por las empresas grandes; éstas repercuten en la productividad, debido a que influyen de manera positiva en el mejoramiento del clima organizacional.

Las empresas pequeñas con pocos recursos tienen menos posibilidad de implantar un programa de servicios y prestaciones, sin embargo deben considerar seriamente proporcionar a sus trabajadores prestaciones mayores a las establecidas por ley, de hecho en algunos países los servicios y prestaciones tienen beneficios fiscales; algunos tipos de prestaciones son las siguientes: Días feriados con goce de sueldo, periodo de vacaciones mayor al determinado por la ley, beneficios en caso de ausencia por enfermedad, vales de despensa, caja de ahorro, préstamo inmobiliario, financiamiento para automóvil, financiamiento para vivienda, servicio de comedor, servicio de transporte, servicio médico, actividades sociales, recreativas y culturales, apoyos para educación, vinculación empresa-familia, convenios y descuentos con empresas y servicios.

3.9. LA GESTIÓN POR COMPETENCIAS Y LA ADMINISTRACIÓN DE SUELDOS Y SALARIOS

Íntimamente relacionada con la gestión por competencias, la administración de sueldos y salarios proporciona importantes elementos para la gestión por competencias, como ya se mencionó a partir del análisis de puestos se definen las competencias básicas de cada puesto, mismas que a su vez pueden considerarse en la valuación de puestos.

AUTOEVALUACIÓN

I. Anote en el paréntesis una **V** si la aseveración es verdadera y una **F** si es falsa.

1. La administración de sueldos y salarios es el conjunto de técnicas cuya finalidad es lograr una retribución equitativa de todos y cada uno de los miembros de la empresa.	( )
2. Las técnicas utilizadas para el análisis de puestos son: calificación de méritos, encuesta regional de salarios, salarios e incentivos, evaluación del desempeño.	( )
3. La valuación de puestos es la descripción detallada del conjunto de actividades y requerimientos para desempeñar una unidad de trabajo específica e impersonal.	( )
4. Puesto es la unidad de trabajo específico y personal.	( )
5. El análisis de puesto es la aplicación de técnicas para asignarle un valor monetario a un puesto de acuerdo con sus características y requisitos.	( )
6. Existen tres métodos fundamentales para la valuación del puesto: método de gradación, método de alineamiento, método de comparación de puntos.	( )
7. La evaluación de desempeño es el proceso mediante el cual se valora el desarrollo del personal en su trabajo.	( )
8. Existen tres tipos de salarios básicos: salario por rendimiento, por obra y por unidad o tiempo.	( )
9. Algunos tipos de prestaciones: días feriados con goce de sueldo, periodo de vacaciones, beneficios en caso de ausencia por enfermedad, vales de despensa.	( )
10. La encuesta regional de salarios está integrada por planes de investigación de sistemas de beneficios sociales adecuados a la diversidad de necesidades de los miembros de la organización.	( )

II. Conteste las siguientes preguntas:

1. Describa los elementos del análisis de puestos.
2. Elabore un cuadro sinóptico con cada una de las técnicas de la administración de retribuciones.
3. Elabore un cuadro comparativo que contenga la metodología, ventajas y desventajas de las técnicas de valuación de puesto.
4. Explique cada uno de los métodos para conceder aumentos salariales, ascensos y promociones.
5. Enumere y explique los tipos de salarios incentivos.

III. **Resuelva los ejercicios de refuerzo, la autoevaluación, el caso y la guía de acción, en el CD interactivo. Estudie la sección "Saber más". Sólo así habrá completado sus conocimientos.**

Formación,
capacitación
y desarrollo.
Aprendizaje
organizacional

OBJETIVOS:

Objetivo general. El lector comprenderá la importancia de la capacitación, desarrollo y aprendizaje organizacional y su relación con las competencias laborales.

Objetivos específicos. Al finalizar este capítulo el lector:

- Describirá las etapas para la elaboración de un programa de capacitación.
- Explicará en qué consisten los distintos tipos de capacitación.
- Describirá las principales técnicas de capacitación.
- Elaborará un diagnóstico de necesidades de capacitación.
- Elaborará un programa de capacitación para una organización.

COMPETENCIAS:

- Desarrollará una actitud creativa y comprometida con la organización para aplicar y elaborar planes de aprendizaje organizacional.

4

Formación, capacitación y desarrollo. Aprendizaje organizacional

4.1. CONCEPTOS GENERALES

Un error muy común en algunas empresas es considerar a la capacitación como un "mal necesario" ya que en ocasiones la legislación laboral impone la obligación de impartir un número de horas-hombre anual de capacitación y ésta se realiza sin ninguna planeación, por lo que frecuentemente las organizaciones no perciben los beneficios de la misma. Esta posición, por demás equivocada, origina pérdidas de recursos y tiempo, la capacitación debe fundamentarse en un proceso racional que integre todos los esfuerzos de la administración de capital humano.

La capacitación reviste tal importancia que Ishikawa, padre de la calidad total en Japón, decía que: "calidad empieza con educación y termina con educación" o sea que ésta debe ser un proceso continuo. Por otra parte, al ser el factor humano el activo más valioso de la organización y la administración del conocimiento la clave del éxito de las empresas del siglo XXI, resulta obvio que la mejor manera para acrecentar estos factores es a través del proceso de capacitación siempre y cuando ésta sea planeada e implantada con base en las necesidades reales de la organización y en las competencias estratégicas.

La educación es el proceso de modificación de la conducta.

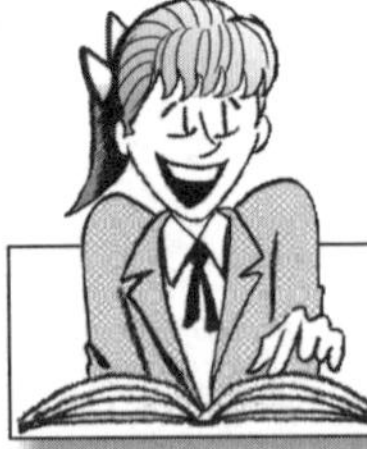

El aprendizaje organizacional es de vital importancia ya que a través de éste los empleados se preparan para desempeñar sus actividades eficientemente y desarrollan habilidades y actitudes para lograr mayor productividad (figura 4.1).

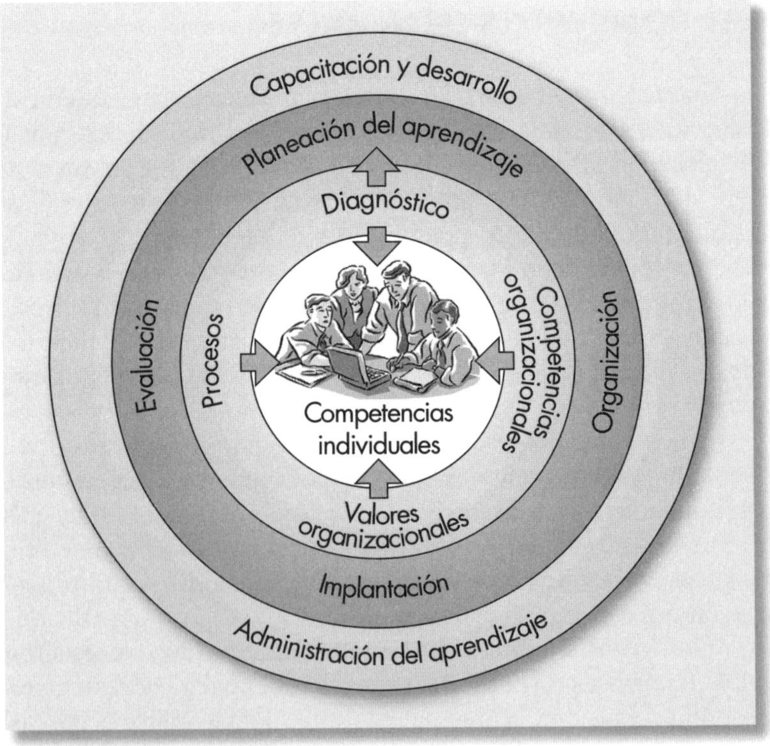

Figura 4.1. Capacitación y aprendizaje organizacional.

La finalidad de la capacitación es:

- Promover la eficiencia, productividad y calidad del elemento humano en la organización.
- Incrementar el capital intelectual de la empresa.
- Preparar y desarrollar los recursos humanos para el desempeño de los puestos y el logro de los objetivos.
- Formar y desarrollar cuadros administrativos y directivos para futuras oportunidades.
- Lograr la excelencia organizacional.

4.2. TIPOS DE CAPACITACIÓN

Existen diversas modalidades y formas de capacitación.

a) De acuerdo con el objetivo puede ser:

- *Capacitación en el puesto o capacitación técnica.* Se refiere a la preparación en conocimientos especializados para desempeñar el puesto.
- *Desarrollo personal.* Se enfoca a desarrollar aptitudes, habilidades y cualidades en el personal, por ejemplo capacitación en valores, manejo de estrés, etcétera.
- *Escolarizada.* Se refiere a la obtención de conocimientos o grados académicos.

b) En relación con el nivel jerárquico al que va dirigida:

- *Adiestramiento.* Por adiestramiento se entiende la habilidad o destreza en el trabajo preponderantemente operativo, su carácter es eminentemente práctico.

- *Entrenamiento.* Es el proceso mediante el cual se capacita al empleado para desarrollar el puesto, normalmente es a nivel administrativo.
- *Capacitación y desarrollo.* La capacitación y el desarrollo son programas que ayudan al personal a que se preparen integralmente. Estos programas se dirigen a mandos medios.

c) De acuerdo con el ámbito en el que se realice:

- *La capacitación puede ser externa o interna.* La capacitación interna es aquella que se proporciona por personal de la empresa. La capacitación externa se realiza en centros o instituciones especializados o a través de consultores o despachos de capacitación externa.

d) De acuerdo con la metodología. Puede ser personalizada, a distancia, vía internet, vía conferencias, en simuladores, entre otras.

4.3. ETAPAS DEL PROCESO DE CAPACITACIÓN

El proceso de capacitación comprende las siguientes etapas (fig. 4.2):

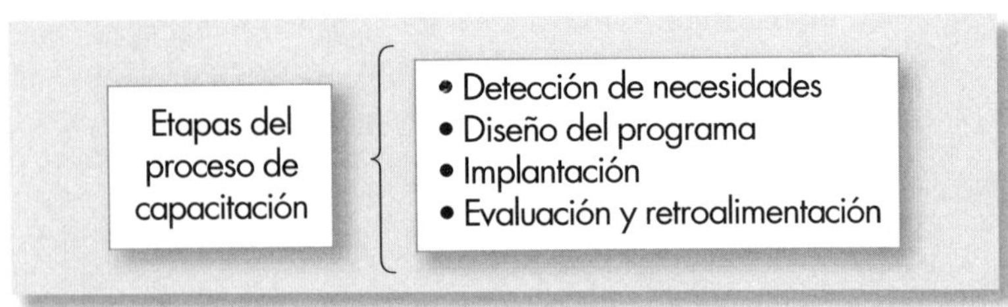

Figura 4.2. Etapas del proceso de capacitación.

4.3.1. Detección de necesidades

Es uno de los aspectos básicos, ya que sólo a través de ésta es posible determinar las necesidades reales de capacitación. La detección o diagnóstico debe fundamentarse en el análisis y estudio de los siguientes elementos:

- Plan estratégico de la organización.
- Plan de recursos humanos.
- Mapa de competencias.
- Planes de carrera.
- Evaluación del desempeño.
- Estándares e indicadores.
- Encuestas a entrevistadores, supervisores y gerentes.

Con los resultados de esta información se diseña un mapa de formación o programa de capacitación anual, que incluye los objetivos, capacidades, habilidades y competencias que habrán de desarrollarse en cada área de la organización.

El propósito de la detección o diagnóstico de necesidades es determinar las áreas que requieren capacitación y a qué temas debe dirigirse de acuerdo con el plan de recursos humanos y el plan estratégico corporativo.

4.3.2. Diseño del programa de capacitación

Se elabora un programa de capacitación anual que incluye:

- Objetivos de capacitación. Se debe especificar en términos medibles y cuantificables el desempeño que se espera obtener de cada área de acuerdo con la capacitación.

- Resumen del diagnóstico de necesidades y el mapa de competencias relacionado con cada área específica de la organización.
- El programa, los objetivos estratégicos y políticas de educación.
- Los cursos, objetivos, duración, contenidos y metodologías para cada área.
- La programación, por fechas para la implantación de cursos.
- Los instructores que se requieran, ya sea internos o externos, así como la metodología que se va a utilizar.
- El presupuesto de capacitación.
- El costo-beneficio. La relación entre la inversión en capacitación y los beneficios esperados en el programa.
- La autorización de cada área involucrada, así como de la alta dirección.
- La logística, recursos y necesidades para impartir los cursos.

Un error común, en gran parte de las empresas es considerar a la capacitación como un "mal necesario" ya que en algunos países la legislación laboral obliga a las organizaciones a impartir un mínimo anual de horas de entrenamiento. Sin embargo, ésta debe ser considerada como una de las mejores inversiones de la organización ya que a través de la capacitación se incrementa el capital intelectual.

4.3.3. Implantación

Una vez que el programa ha sido aprobado y el presupuesto asignado, será necesario programar cuidadosamente cada uno de los cursos: esto incluye logística, manuales, aulas, instructores, convocatorias para los asistentes, instrumentos de evaluación, así como una organización y control minucioso para que todos los objetivos se cumplan conforme a lo planeado y, sobre todo, para validar que los empleados adquieran los conocimientos y competencias requeridas por la organización.

4.3.4. Evaluación y retroalimentación

Se compara el desempeño de los empleados antes y después de la capacitación, y se evalúa la eficiencia del programa. Es necesario realizar estas evaluaciones periódicamente y determinar avances y logros así como detectar posibles fallas.

4.4. APRENDIZAJE ORGANIZACIONAL

En la era de la información, el proceso de capacitación se torna cada vez más importante ya que forma parte de la administración del conocimiento y de la administración de capital intelectual. El aprendizaje organizacional va más allá de la capacitación tradicional y se sustenta en el establecimiento de estructuras y procesos para compartir el conocimiento entre todos los miembros de la empresa, siendo su objetivo la mejora continua.

El aprendizaje organizacional implica una serie de mecanismos para obtener, difundir y crear conocimientos y competencias que generan valor para la empresa.

El aprendizaje organizacional requiere la definición de las competencias estratégicas y la identificación de todas aquellas prácticas que generan valor para la empresa, con la finalidad de alinear las competencias al proceso de aprendizaje y de transferir el conocimiento de manera continua en todas las áreas de la organización. Además de las tradicionales técnicas de capacitación existen otras formas de aprendizaje organizacional: cursos y seminarios, observación, socialización, desarrollo del trabajo, entrevistas, reportes, juntas, grupos de enfoque, equipos virtuales, correo electrónico, intranet o internet, foros de conversación, videoconferencias, reuniones con ejecutivos, enlaces, entre otros.

Algunos elementos del aprendizaje organizacional son:

- *Procesos.* Asegurar que el aprendizaje organizacional esté alineado con las competencias estratégicas y los procesos que otorgan valor al negocio, conocidas como prácticas de valor.
- *Cultura organizacional.* Superar las barreras para compartir el conocimiento y promover la innovación de tal manera, que el aprendizaje sea parte del quehacer cotidiano de la organización.
- *Tecnología.* Desarrollar actividades para compartir el conocimiento con herramientas tecnológicas.

4.5. LA GESTIÓN POR COMPETENCIAS Y LA CAPACITACIÓN

Una de las funciones primordiales en la gestión por competencias es la capacitación. Como se mencionó anteriormente tanto el plan de recursos humanos como el programa de capacitación deben realizarse a partir de las competencias estratégicas, las competencias requeridas y el diagnóstico de las competencias actuales de los empleados, lo que supone una mayor acuciosidad y eficiencia en el desarrollo de la capacitación. Es muy importante aprovechar la inversión en capacitación y formar instructores dentro de la empresa que sirvan como reproductores de los cursos que se tomen a nivel externo y a los que no todos los empleados tienen acceso debido a restricciones presupuestales, de esta manera el desarrollo de competencias será un proceso más ágil (fig. 4.3).

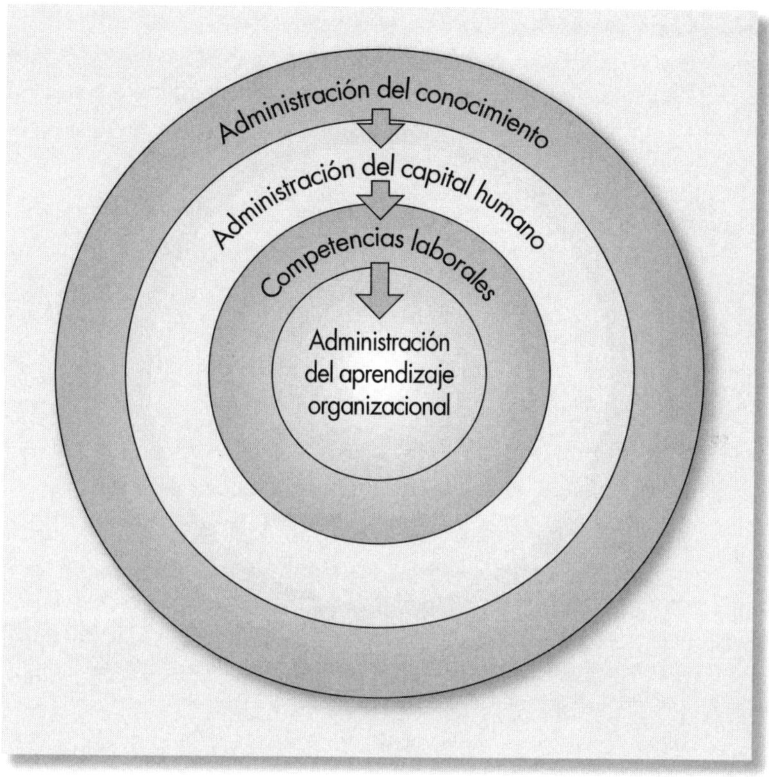

Figura 4.3. Administración del conocimiento y competencias.

AUTOEVALUACIÓN

I. Anote en el paréntesis una **V** si la aseveración es verdadera y una **F** si es falsa.

1. La capacitación es el proceso de modificación de la conducta.	( )
2. De acuerdo con el nivel jerárquico la capacitación puede ser capacitación en el puesto, técnica, desarrollo personal y escolarizada.	( )
3. La finalidad de la capacitación es promover la eficiencia, productividad y calidad del elemento humano en la organización.	( )
4. La capacitación en relación con el objetivo se clasifica en adiestramiento y entrenamiento.	( )
5. El adiestramiento es el proceso mediante el cual se capacita al empleado para desarrollar el puesto.	( )
6. El propósito del diseño del programa de capacitación es determinar las áreas que requieren capacitación y en qué temas de acuerdo con el plan de recursos humanos y el plan estratégico corporativo.	( )
7. En la implantación del programa de capacitación se compara el desempeño de los empleados antes y después de la capacitación, y se evalúa la eficiencia del programa.	( )
8. La detección o diagnóstico debe fundamentarse en el análisis y estudio de los siguientes elementos: Plan estratégico de la organización, plan de recursos humanos, mapa de competencias, planes de carrera.	( )
9. La capacitación debe ser un proceso esporádico.	( )
10. Las etapas de la capacitación son: detección de necesidades, diseño del programa, evaluación.	( )

II. Conteste las siguientes preguntas:

   1. Defina los tipos de capacitación.
   2. Realice un cuadro sinóptico que contenga las distintas etapas del proceso de capacitación.
   3. ¿Cuáles son las etapas del proceso de capacitación? Explique cada una de éstas.
   4. Mencione qué elementos debe incluir un programa de capacitación anual.
   5. ¿Cuál es la relación entre la capacitación y la gestión por competencias?

III. Resuelva los ejercicios de refuerzo y la autoevaluación en el CD interactivo. Estudie la sección "Saber más". Sólo así habrá completado sus conocimientos.

Relaciones laborales

OBJETIVOS:

Objetivo general. El lector aplicará técnicas para mejorar continuamente las relaciones laborales en la empresa.

Objetivos específicos. Al finalizar este capítulo el lector:

- Describirá las subfunciones de las relaciones laborales.
- Explicará la importancia de las relaciones laborales.
- Comprenderá la relación entre el sindicato de trabajadores y la organización.
- Entenderá la importancia de la comunicación y del clima organizacional en las relaciones laborales de la organización.
- Explicará las principales teorías de motivación.
- Analizará la factibilidad de aplicar alguna de las distintas teorías de motivación a su organización.
- Explicará en qué consiste una encuesta de clima organizacional y su importancia.
- Explicará la importancia del clima organizacional y su incidencia en la motivación.

COMPETENCIAS:

- Actuará con actitudes de honestidad y equidad en las relaciones laborales.

5

Relaciones laborales

5.1. CONCEPTO E IMPORTANCIA

Mantener buenas relaciones entre el personal y la empresa, es importante para lograr un clima organizacional adecuado y obtener mayor productividad. La calidad de las relaciones de los empleados con la empresa, los directivos y entre ellos mismos, depende en gran parte de la cultura y clima organizacional y, por supuesto, de los sistemas de motivación que promuevan el logro de los objetivos y metas, no sólo de la empresa sino también del personal.

> La finalidad de las relaciones laborales es el establecimiento de un clima organizacional sano mediante mecanismos de comunicación y motivación que promuevan la existencia de relaciones armónicas y estables entre los trabajadores y la empresa.

Es de gran importancia que los trabajadores se encuentren plenamente informados acerca de las políticas, misión y objetivos de la organización para fortalecer el compromiso y la lealtad (fig. 5.1).

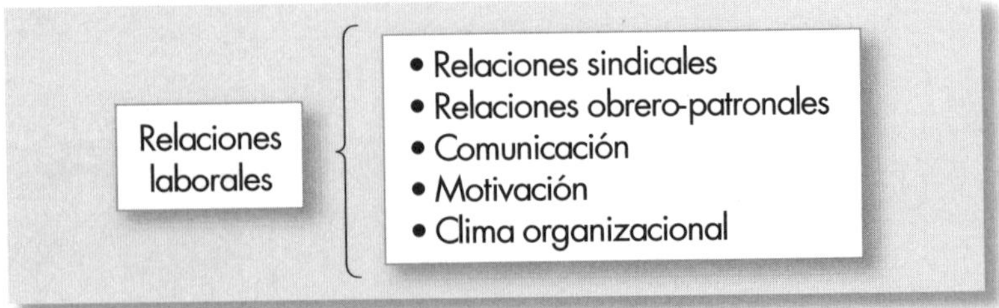

Figura 5.1. Funciones del área de relaciones laborales.

En el área de relaciones laborales se realizan las funciones de: motivación, comunicación, relaciones sindicales y todas aquellas tendientes a mantener un clima organizacional armonioso.

5.2. RELACIÓN CON EL SINDICATO

El representante sindical trata con la gerencia de recursos humanos las demandas y exigencias de los trabajadores. Las principales negociaciones que se realizan con el sindicato incluyen:

- *Contratos de trabajo.* Individuales y colectivos, así como despidos y jubilaciones.
- *Salarios y prestaciones.* Implica todas las formas de compensaciones, tales como pagos, prestaciones, ascensos, incrementos salariales.

- *Horarios.* Incluyen la duración del día de trabajo, los días de fiesta, las vacaciones y otros factores.
- *Condiciones de trabajo.* Comprende la seguridad y otros elementos del ambiente laboral.
- *Reglamentaciones.* Todas las reglas para llevar a cabo el buen funcionamiento de la organización.
- *Huelgas y suspensiones.* Una adecuada administración de capital humano minimiza la existencia de problemas laborales y de posibles huelgas y paros, en el último de los casos será necesaria la intervención del área para realizar este tipo de negociaciones.

Una buena relación con el sindicato es fundamental para la consecución de todos los planes de la empresa. De hecho, antes de emprender cualquier estrategia o programa que implique la participación de los trabajadores será necesario informar al sindicato y conseguir su apoyo con el fin de garantizar el éxito.

5.2.1. Relaciones jurídicas

El conocimiento y aplicación del marco jurídico de las relaciones obrero patronales y las leyes laborales son de gran trascendencia para el buen funcionamiento de las organizaciones. Es indispensable contar con especialistas en el área legal para salvaguardar los derechos e intereses no sólo de los trabajadores sino de la empresa. Si bien es cierto que los derechos de los trabajadores son inalienables, también lo es que la falta de valores y escrúpulos de ciertos trabajadores, por una parte, y por otra la obsolescencia y el proteccionismo de algunas legislaciones en países en vías de desarrollo, ocasionan graves problemas y pérdidas a las empresas. Lo ideal es el cumplimiento del marco jurídico vigente así como proteger los intereses de ambas partes.

5.3. MOTIVACIÓN

5.3.1. Conceptos generales

La motivación es uno de los factores que requiere mayor atención para la gestión de capital humano y para llevar a buen término las relaciones laborales. Sin un mínimo conocimiento de la motivación, es imposible comprender el comportamiento de las personas y efectuar una adecuada administración.

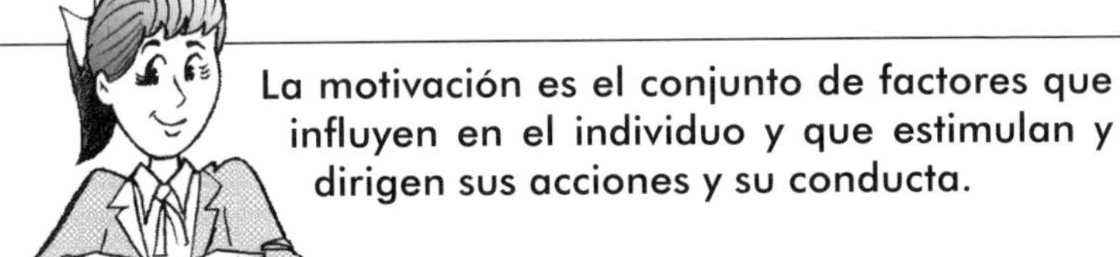

Todas las personas son diferentes, las necesidades cambian de acuerdo con cada individuo y producen diversos patrones de comportamiento, los valores sociales y la capacidad para alcanzar los objetivos también varían así como las necesidades, los valores y las capacidades del personal. No obstante esas diferencias, el proceso de motivación es más o menos semejante en todas las personas. Aunque varíen los patrones de comportamiento, en esencia el proceso que los origina es el mismo. Existen dos factores que influyen en el comportamiento humano y que consecuentemente deben tomarse en cuenta para la motivación:

- *Causalidad.* Existe una causalidad en el comportamiento, tanto la herencia como el ambiente influyen de manera decisiva en el comportamiento de las personas, que normalmente se origina en estímulos internos o externos.
- *Finalidad.* En todo comportamiento humano existe una finalidad, el comportamiento no es casual ni aleato-

rio; siempre está dirigido u orientado hacia algún objetivo.

La productividad y calidad en el trabajo dependen no solamente de los empleados sino de que la cultura y clima organizacionales promuevan la motivación. Existen diferentes teorías acerca de la motivación, lo importante es conocerlas y aplicar la que mejor se adapte a las necesidades de la organización.

5.3.2. Teorías de motivación

Existen dos enfoques básicos acerca de la motivación:

- *Teorías de contenido.* Llamadas así porque describen los factores internos de los individuos que orientan y estimulan su actuación. Entre éstas destacan la teoría de las necesidades de Maslow, jerarquía de necesidades; la de McClelland o teoría del logro, poder y afiliación; y la de Herzberg, la teoría de motivación e higiene.
- *Teorías de proceso.* Explican y analizan cómo se estimula, orienta y mantiene la conducta. También conocidas como conductistas, entre éstas destacan: Vroom, teoría de expectativas; Skinner, teoría del refuerzo del aprendizaje; Locke, teoría de fijación de objetivos.

Al administrar personas es imprescindible conocer las teorías acerca de los factores que influyen en su comportamiento para diseñar los programas y estrategias más adecuados.

Las teorías de las necesidades o de contenido, parten del principio de que los motivos del comportamiento humano residen en el propio individuo: su motivación para actuar y comportarse se deriva de fuerzas que existen en su interior. Entre las teorías más importantes destacan las de los siguientes autores:

I. Abraham Maslow. La teoría motivacional más conocida es la de Maslow, basada en la llamada jerarquía de

necesidades humanas. Para este autor, la motivación surge de las necesidades, que originan el comportamiento. Parte del principio de que los motivos del comportamiento humano residen en el propio individuo y su motivación para actuar y comportarse se deriva de las necesidades (fig. 5.2).

Postula que la motivación de las personas depende de la satisfacción de cinco tipos de necesidades: fisiológicas, de seguridad, de afecto, de estima y de autorrealización. Estas necesidades se disponen jerárquicamente, debido

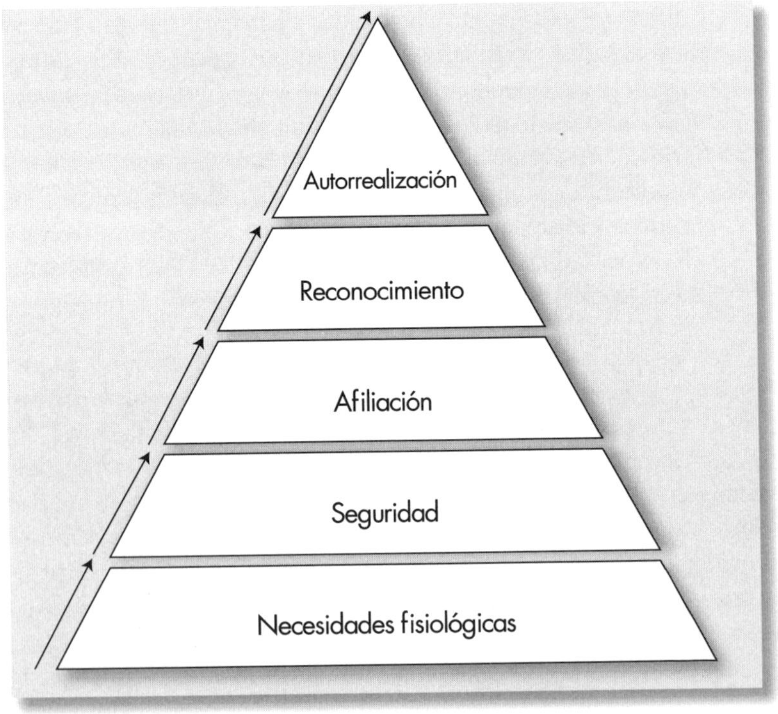

Figura 5.2. Pirámide de necesidades de Maslow.

a que en tanto la primera necesidad o básica no sea satisfecha, tiene el poder exclusivo de motivar la conducta, sin embargo, al ser lograda, pierde su poder de motivación: de esta forma, un nivel más alto de necesidad se convertirá en un factor de motivación sólo cuando las necesidades que ocupan el nivel inmediato anterior hayan sido complacidas. En este contexto, para lograr la motivación de los empleados será necesario que cubran sus necesidades a través de su trabajo. La jerarquía de necesidades incluye cuatro necesidades básicas y una de crecimiento que deberán satisfacerse en el siguiente orden:

- *Fisiológicas.* Constituyen el nivel primario de las necesidades humanas, son imprescindibles para la sobrevivencia, como la alimentación, el sueño y el vestido. Estas necesidades se satisfacen en el trabajo a través de las funciones de administración de sueldos y salarios, mediante sueldos, incentivos y bonos.
- *Seguridad.* Surgen de la necesidad de que la persona se sienta segura y protegida. Las necesidades de seguridad se resuelven mediante las funciones de: servicios y prestaciones, fondo de vivienda, cajas de ahorro, etc.; la de higiene y seguridad, mediante el desarrollo de condiciones para preservar la salud y seguridad en el trabajo; capacitación y desarrollo y administración de sueldos y salarios, a través del establecimiento de contratos de planta o indefinidos, el diseño de políticas de ascensos y promociones y los planes de carrera todas tendientes a garantizar la seguridad y estabilidad en el empleo para los trabajadores.
- *Sociales.* Están relacionadas con el desarrollo afectivo del individuo, son las necesidades de asociación, participación y aceptación en el grupo de trabajo, entre éstas se encuentran la amistad, el afecto y el amor. Se satisfacen mediante las funciones de: servicios y prestaciones que incluyen actividades deportivas, culturales y recreativas; y relaciones laborales que comprende formación de equipos de trabajo y relaciones con el sindicato.

- *Reconocimiento.* Se refieren a la manera en que se reconoce y evalúa el trabajo del personal, se relacionan con la autoestima. Surgen de la necesidad de que el trabajo sea reconocido, éstas pueden satisfacerse a través de las funciones de: administración de sueldos y salarios con sistemas de ascensos, promociones, incentivos y premios; relaciones laborales con reconocimientos y diplomas; y planeación de recursos humanos, con planes de carrera y planes de vida.
- *Autorrealización.* Son las más elevadas, se hallan en la cima de la jerarquía; a través de su satisfacción las personas encuentran un sentido de vida en el trabajo mediante el desarrollo de su potencial. Esta necesidad se manifiesta mediante el impulso de superarse cada vez más mediante el desarrollo de todas las potencialidades; es la culminación y satisfacción de todas las necesidades.

II. Frederick Herzberg. Según Frederick Herzberg, la motivación de las personas depende de dos factores (fig. 5.3):

- *Factores higiénicos.* Que incluyen: sueldos y condiciones de trabajo, políticas de la organización y la administración, capacidad del jefe y relaciones con el jefe, estabilidad en el puesto y relaciones con los compañeros de trabajo. El autor denomina a estos factores como higiénicos o de mantenimiento, porque son los básicos para poder desempeñar una labor. Los factores higiénicos no motivan a los trabajadores, pero su ausencia produce insatisfacción.
- *Factores motivacionales.* Estos factores son los que inciden en la motivación del empleado. Entre éstos destacan: delegación de la responsabilidad, libertad de de-

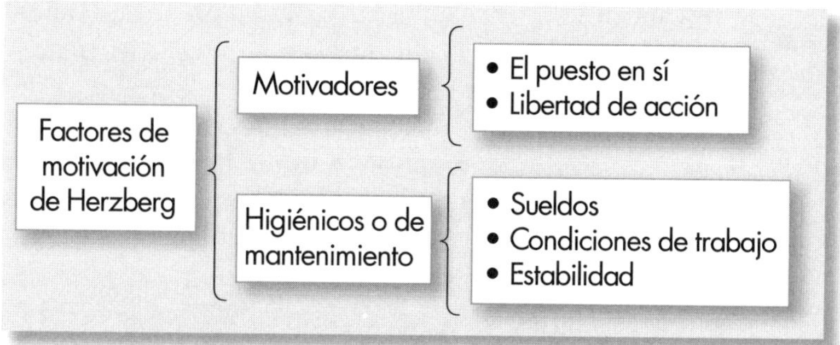

Figura 5.3. Factores de motivación de Herzberg.

cidir cómo realizar el trabajo, ascensos, utilización de las habilidades personales, formulación de objetivos y evaluación, y enriquecimiento del puesto. La existencia de estos factores provoca elevados niveles de motivación y de productividad.

En síntesis, el postulado de Herzberg es que la satisfacción en el puesto está en función del contenido del mismo o de las actividades desafiantes y estimulantes del cargo: éstos son los llamados factores motivadores; y la insatisfacción en el puesto depende del ambiente, de los sueldos y de la supervisión y del contexto general: éstos son los llamados factores higiénicos.

III. David McClelland. Para David McClelland, el desempeño en el trabajo varía de acuerdo con las necesidades de cada persona y el predominio de alguno de los tres factores que influyen en el comportamiento humano y la motivación: poder, logro y afiliación (fig. 5.4):

• *Poder.* Las personas guiadas por la necesidad de poder o

de influir sobre otros, se sienten realmente satisfechas con el ejercicio de la autoridad, esta necesidad puede ser considerada como una variedad de la necesidad de estima. La motivación se fundamenta en el interés por obtener prestigio, reputación y tener influencia sobre los demás así como la capacidad de decisión.

- *Pertenencia.* Las personas motivadas por este factor, poseen la necesidad de asociación, de formar parte de un grupo o un equipo y de sentirse integrados a la organización. La pertenencia o afiliación se refiere al agrado por tener buenas relaciones con los demás y disfrutar de la compañía de otros, la afiliación representa en gran medida lo que Maslow denominó necesidad de afecto.

- *Logro.* Las personas se orientan a los resultados, su motivación es el logro y la posibilidad de mejoras mediante el desempeño, les agrada la responsabilidad y la posibilidad de desarrollar su creatividad. Cuando esta necesidad predomina, se manifiesta por una preocupación por fijar metas en ocasiones riesgosas y difíciles y por la satisfacción que se obtiene al conseguirlas. El individuo que es motivado por el logro, realiza grandes esfuerzos para obtener siempre sus objetivos y encuentra una gran satisfacción en éstos. Una fuerte necesidad de logro va acompañada de una gran insatisfacción, cuando el trabajo carece de desafíos y reconocimiento.

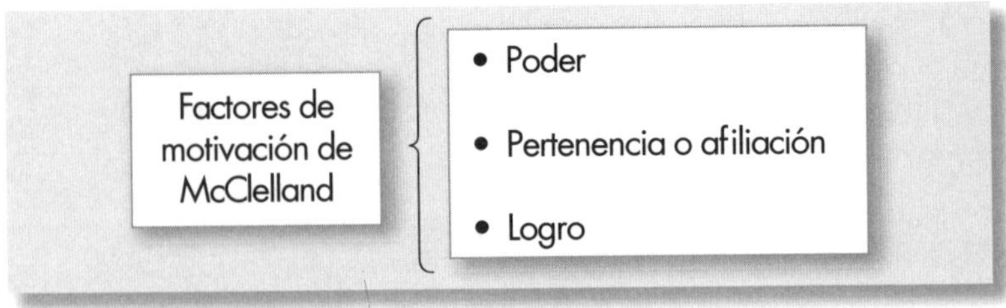

Figura 5.4. Factores de motivación de McClelland.

Según McClelland, los individuos deberán ubicarse en los puestos en donde se satisfaga su necesidad predominante de acuerdo con su perfil psicológico, ya sea el logro, el poder o la afiliación, para que realmente se encuentren motivados.

De acuerdo con el rasgo motivador prevaleciente deberán diseñarse programas de incentivos y establecer bases para efectuar una selección de personal adecuada, por ejemplo: las personas orientadas al logro o los resultados seguramente serán muy eficientes en puestos en que puedan desarrollar actividades o proyectos con resultados tangibles, como ingeniería de proyectos, finanzas, producción, etc. Un perfil orientado al poder rendirá óptimos resultados si se le concede un puesto de autoridad y las personas cuyo factor motivador es la pertenencia disfrutarán un puesto en el que se trate con gente como relaciones públicas y ventas. McClelland propone:

- La capacitación y educación para reorientar las necesidades de los empleados.
- Difundir logros obtenidos por los empleados.
- Procurar mejorar la imagen y autoestima del personal para reforzar el nivel de autoestima.
- Relacionar resultados con promociones, recompensas, oportunidades de desarrollo.

IV. Vroom. Vroom desarrolló una teoría de la motivación que reconoce las diferencias individuales; según él, en cada individuo existen tres factores que determinan la motivación para el trabajo:

- *Objetivos individuales,* es decir, la satisfacción de las metas personales influyen para alcanzar los objetivos organizacionales.

- *Relación,* que el individuo percibe entre la productividad y el logro de sus objetivos individuales.
- *Capacidad,* del individuo para influir en su nivel de productividad, en la medida en que posee las habilidades y voluntad para poder hacerlo.

5.3.3. La administración de capital humano y la motivación

Hasta aquí, se han descrito en forma simplificada, las teorías más importantes de motivación, pero es necesario advertir que no es posible aplicar dichas teorías sin poseer un conocimiento más profundo de éstas y de la situación específica de la organización. Por tanto, es conveniente tener un criterio objetivo al aplicarlas, fundamentada en el diagnóstico de las características de la cultura organizacional, así como de las diferencias entre los individuos que la integran. Estas teorías son una herramienta para que los gerentes comprendan las necesidades de su personal y tengan la posibilidad de establecer las condiciones de trabajo que logren la automotivación y consecuentemente la productividad de los empleados.

En esencia todas las teorías de la motivación coinciden en los factores que inciden en la productividad del ser humano en la organización. Si se analiza el esquema de Maslow es posible observar que tal y como se ha mencionado anteriormente, para cada necesidad existe una técnica o función de la administración de personal que puede ser satisfecha a través del trabajo (fig. 5.5).

Figura 5.5. Satisfacción de las necesidades de Maslow a través de la administración de capital humano.

5.4. COMUNICACIÓN

La comunicación es un proceso mediante el cual se trasmite y recibe información.

Mediante la comunicación se logra la coordinación de esfuerzos con el fin de alcanzar los objetivos de la empresa; un buen sistema de comunicación permite que los empleados manifiesten sus inquietudes, necesidades y quejas con el fin de que sean atendidas, y al mismo tiempo se enteren de las necesidades, avances, logros y objetivos de la organización.

Algunos medios para promover la comunicación con los empleados son:

- Buzón de sugerencias.
- Encuestas de clima.
- Entrevistas.
- Periódicos murales.
- Revistas y boletines informativos.
- Juntas y reuniones informativas, formales e informales.

El área de relaciones laborales debe promover de manera continua una serie de actividades para fomentar la comunicación y la armonía en todas las áreas de la organización.

5.5. CLIMA ORGANIZACIONAL

El clima organizacional adecuado es indispensable para la productividad, la armonía y el buen funcionamiento de la organización. El ambiente organizacional es el resultado de múltiples interacciones y el área de relaciones laborales debe promover y establecer las condiciones para que éste sea idóneo.

Clima organizacional es el conjunto de características del ambiente interno que influyen en la motivación, conducta, satisfacción y moral de los integrantes de la organización.

El clima organizacional en una empresa es el resultado de la interacción de múltiples factores que comprenden la cultura organizacional, los estilos de liderazgo, las relaciones interpersonales, la naturaleza y las políticas y programas de la administración de recursos humanos, la disposición del trabajo, el tamaño de la organización, las condiciones que afectan a la higiene y seguridad y las relaciones interpersonales.

La moral de la organización se refiere al estado emocional y afectivo, al compromiso, actitud y al grado de satisfacción de los empleados ante la organización.

Los factores que inciden en el clima organizacional son: Satisfacción de las necesidades del personal, comunicación, condiciones de trabajo, motivación, estilos de gestión, estructura de la organización, equipos de trabajo, solución de conflictos, armonía.

Un clima organizacional efectivo es aquel que facilita la relación del personal y el éxito de la organización logrando que los empleados sientan a la organización como parte de ellos y que su mundo, su historia y sus vivencias estén ligados a la organización. Un clima organizacional sano por una parte se enfoca al crecimiento y desarrollo de la organización, y por otra, privilegia el crecimiento de las personas. Establecer un clima organizacional efectivo va más allá de las condiciones físicas del lugar de trabajo; abarca aspectos emocionales, espirituales e intelectuales. Implica un trabajo continuo para mejorar las relaciones interpersonales, la comunicación y la motivación.

AUTOEVALUACIÓN

I. Anote en el paréntesis una **V** si la aseveración es verdadera y una **F** si es falsa.

1. Las principales negociaciones que se realizan con el sindicato incluyen: contratos de trabajo, salarios y prestaciones, horarios.	( )
2. La finalidad de las relaciones laborales es el establecimiento de un clima organizacional sano.	( )
3. La comunicación organizacional comprende el conjunto de características del ambiente interno que influyen en la motivación.	( )
4. La moral de la organización se refiere al estado emocional y afectivo, al compromiso y actitud de los empleados ante la organización.	( )
5. El clima organizacional es un proceso mediante el cual se trasmite y recibe información, ideas y opiniones para lograr comprensión.	( )
6. En el clima organizacional de grupo, los empleados trabajan dentro de una atmósfera de presión y castigos.	( )
7. Algunos medios para promover la comunicación organizacional con los empleados son: buzón de sugerencias, encuestas de clima, entrevistas.	( )
8. Para establecer un clima organizacional efectivo es necesario contar con óptimas condiciones físicas del lugar de trabajo.	( )
9. En el clima organizacional participativo, la dirección no tiene confianza en sus empleados.	( )
10. En el clima organizacional autoritario la dirección tiene plena confianza en sus empleados.	( )

II. Conteste las siguientes preguntas:

1. ¿Cuál es la importancia del sindicato de trabajadores?
2. Mencione el objetivo de las relaciones laborales.
3. ¿Cómo se puede lograr un clima organizacional efectivo?
4. Ejemplifique cada uno de los tipos de clima organizacional que existen dentro de las empresas.
5. ¿Qué estrategias seguiría en su empresa para establecer relaciones laborales efectivas?

III. Anote en el paréntesis una **V** si la aseveración es verdadera y una **F** si es falsa.

1. La motivación es el conjunto de factores que influyen en el individuo y que estimulan y dirigen sus acciones y su conducta.	( )
2. Existen tres enfoques básicos acerca de la motivación: teorías de contenido, de proceso y de resultados.	( )
3. Las teorías de motivación de contenido son llamadas también conductistas.	( )
4. Existen dos factores que influyen en el comportamiento humano: la causalidad y la finalidad.	( )
5. McClelland propone que las necesidades que motivan a los individuos son tres: afiliación, poder y logro.	( )
6. Herzberg postula que la motivación de las personas depende de la satisfacción de cinco tipos de necesidades: fisiológicas, de seguridad, de afecto, de estima y de autorrealización.	( )
7. Vroom desarrolló una teoría de la motivación que reconoce las diferencias grupales.	( )
8. Son factores que determinan la satisfacción hacia el trabajo según Maslow: objetivos y capacidades individuales.	( )
9. Los factores higiénicos son los que inciden en la motivación del empleado. Entre éstos destacan: delegación de la responsabilidad, libertad de decidir cómo realizar el trabajo, ascensos.	( )
10. Los factores motivacionales incluyen sueldos y condiciones de trabajo, políticas de la organización y la administración.	( )

IV. Conteste las siguientes preguntas:

1. Describa las teorías de motivación de Herzberg y de McClelland. Establezca si ambas teorías tienen alguna relación.
2. Explique la jerarquía de necesidades de Maslow, ejemplifique cada una de estas necesidades.
3. ¿Qué factores determinan la motivación para el trabajo según Vroom?
4. Realice un cuadro comparativo en donde establezca los elementos, características y ventajas de cada una de las teorías estudiadas.
5. Explique de qué manera se pueden satisfacer las necesidades de Abraham Maslow de acuerdo con la teoría del capital humano.

V. Resuelva los ejercicios de refuerzo y la autoevaluación en el CD interactivo. Estudie la sección "Saber más". Sólo así habrá completado sus conocimientos.

Higiene y seguridad. Salud organizacional

OBJETIVOS:

Objetivo general. El lector elaborará un programa de higiene y seguridad.

Objetivos específicos. Al terminar este capítulo el lector:

- Explicará los conceptos de higiene y seguridad y su relación con las competencias laborales.
- Describirá las etapas para la implantación de un programa de higiene y seguridad.
- Describirá los principales elementos del programa de higiene y seguridad.
- Explicará la importancia de las condiciones de trabajo y de la seguridad en el trabajo.
- Describirá en qué consiste el estrés laboral y sus consecuencias.

COMPETENCIAS:

- Diseñará programas de higiene y seguridad con responsabilidad social y compromiso.

Higiene y seguridad. Salud organizacional

6.1. HIGIENE Y SEGURIDAD EN EL TRABAJO

La salud y seguridad del personal constituyen una de las principales bases para la administración de capital humano. Como su nombre lo indica, la higiene y seguridad en el trabajo consta de dos actividades íntimamente relacionadas que garantizan condiciones personales y materiales de trabajo capaces de mantener el nivel de salud de los empleados.

La salud es un estado completo de bienestar físico, mental y social y no consiste solamente en la ausencia de la enfermedad.

La higiene y seguridad en el trabajo son de vital importancia para evitar riesgos en la vida de los trabajadores y en los bienes de la empresa. En la mayoría de los casos, los accidentes ocurren debido a la falta de instrucciones y capacitación en relación con el manejo de procesos, equipos y herramientas. Gran número de enfermedades profesionales, ausentismo, accidentes y daños en equipos, herramientas e instalaciones, pueden evitarse mediante un programa de higiene y seguridad.

De hecho, el mantenimiento de la salud e higiene de los trabajadores y la reducción de accidentes y enfermedades de trabajo implica una importante disminución de costos para las organizaciones. En el proceso de selección de personal es necesario considerar las competencias básicas que garanticen la comprensión y aplicación de las normas e instrucciones de seguridad, además del buen estado de salud físico y mental de los trabajadores.

La higiene y seguridad en el trabajo es un proceso bilateral empresa-trabajador, la responsabilidad de la empresa consiste en cumplir con toda la normatividad y establecer condiciones de trabajo y programas de seguridad e higiene que garanticen el bienestar y salud del personal y, por otra parte, los trabajadores deben asumir el compromiso de cumplir con las reglamentaciones y con las instrucción y la capacitación que hayan obtenido en este sentido.

La aplicación de los programas y procedimientos de seguridad deben revisarse periódicamente para detectar posibles fallas, corregirlas y eliminarlas continuamente con la finalidad de fortalecer una cultura de prevención en todos y cada uno de los niveles de la organización.

6.2. HIGIENE DEL TRABAJO

La higiene se relaciona con el diagnóstico y con la prevención de las enfermedades ocupacionales a partir del estudio y el control de dos variables: el hombre y su ambiente de trabajo. Los principales factores que se consideran en la elaboración de un programa de higiene del trabajo son los siguientes:

Servicios médicos:

- Accidentes y enfermedades.
- Primeros auxilios.
- Eliminación y control de las áreas insalubres.
- Servicios médicos adecuados y cómodos.
- Supervisión de higiene y seguridad.
- Relaciones éticas y de cooperación con las familias de los empleados.
- Servicios de hospitalización.
- Exámenes médicos de admisión y periódicos de revisión y *check-up*.

Servicios adicionales:

- Programa de salud organizacional. Programa de actividades y cursos para conservar la salud.
- Programa de convenios de colaboración con instituciones para la prestación de servicios de radiografías, de recreación, de ofrecimiento de lecturas, etcétera.
- Evaluaciones de salud. Entre supervisores, médicos y ejecutivos acerca de señales de desajuste, que impliquen cambios de tipo de trabajo, de departamento o de horario.
- Cobertura de seguro. Para casos de retiro por enfermedad o accidente, mediante seguro de vida o seguro médico en grupo por instituciones sociales.
- Programas de consejo y apoyo psicológico.
- Manejo de estrés.
- Planes de jubilación y retiro.

La higiene del trabajo o higiene industrial, tiene un carácter eminentemente preventivo, su objeto es mantener la salud del trabajador y evitar que se enferme, ya que las enfermedades repercuten en los costos.

Las principales finalidades de la higiene en el trabajo son:

- Eliminación de las causas de enfermedades profesionales.
- Reducción de los efectos perjudiciales provocados por el trabajo.
- Prevención de enfermedades o de lesiones.
- Mantenimiento de la salud de los trabajadores y aumento de la productividad, por medio del control del ambiente de trabajo.

Para lo que deberá elaborarse un programa de higiene que considere la educación del personal orientada a la prevención.

6.3. CONDICIONES DE TRABAJO

Otro aspecto importante es el estudio y el control de las condiciones de trabajo.

Son tres los factores que influyen en las condiciones de trabajo:

- *Ambiente físico:* iluminación, ruido, temperatura, maquinaria, etcétera.
- *Tiempo:* jornadas de trabajo, periodos de descanso, etcétera.
- *Clima organizacional en el trabajo.*

La higiene del trabajo se enfoca a las condiciones físicas, aunque no descuida totalmente las otras dos condiciones.

Los tres factores más importantes de las condiciones físicas de trabajo son:

a) *Iluminación.* La mala iluminación causa fatiga a la vista y afecta el sistema nervioso lo que influye en la calidad y ocasiona una buena parte de los accidentes de trabajo. Un sistema de iluminación debe poseer las siguientes condiciones:

- Ser suficiente de manera que la iluminación proporcione la cantidad de luz necesaria para cada tipo de trabajo.
- Ser constante y uniformemente distribuido para evitar la fatiga de los ojos.

b) *Ruido.* El ruido es considerado, como un sonido indeseable, el sonido tiene dos características principales: la frecuencia y la intensidad. La frecuencia del sonido es el número de vibraciones por segundo; y se mide en ciclos por segundo, la intensidad de sonido es medida por decibeles. La evidencia y la investigación muestran que el ruido provoca disminución en el desempeño del trabajo y con el tiempo pérdida de audición. La influencia del ruido sobre la salud y, principalmente, sobre la audición, es poderosa. La exposición prolongada a niveles elevados de ruido produce pérdida de la audición.

c) *Condiciones ambientales.* Las condiciones que afectan el trabajo son, principalmente, la temperatura y la humedad. Otros factores son: la ventilación, la composición del aire, la presión atmosférica. Para la higiene en el trabajo es necesario mantener condiciones saludables de temperatura, humedad y las anteriormente descritas.

6.4. SEGURIDAD EN EL TRABAJO

Como ya se mencionó, la seguridad e higiene en el trabajo son actividades que están relacionadas con la productividad y la moral de los empleados.

El programa de seguridad se basa en el principio de la prevención de accidentes que se logra mediante la aplicación de medidas de seguridad que sólo pueden desarrollarse acertadamente con un trabajo de equipo.

La seguridad no se restringe al área de producción. Todas las áreas de trabajo implican riesgos; la seguridad en el trabajo debe basarse en el entrenamiento y la formación de técnicos y operarios capacitados para el cumplimiento de normas de seguridad. También debe incluir la simulación de accidentes y catástrofes, la revisión periódica de equipos de primeros auxilios y la utilización y adquisición de equipos de seguridad.

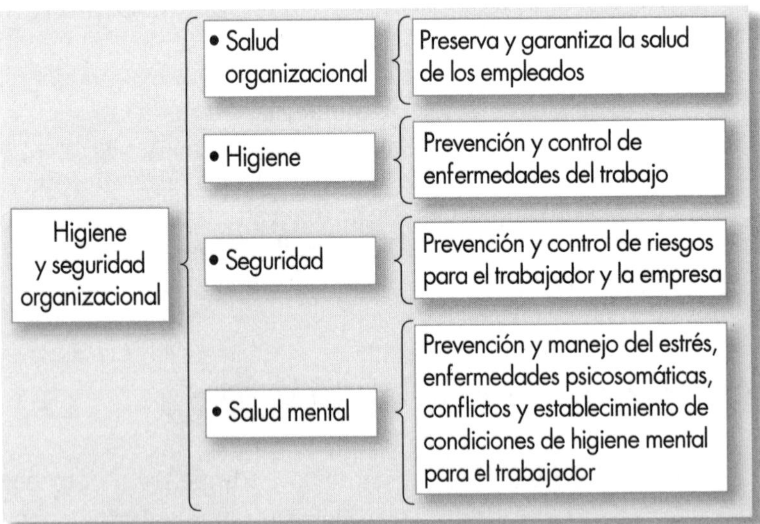

Figura 6.1. Higiene y seguridad organizacional.

6.5. ESTRÉS EN EL TRABAJO

> **El estrés es una respuesta adaptativa condicionada por las diferencias individuales, que es consecuencia de un suceso del entorno que impone excesivas exigencias psicológicas o físicas.**

El manejo del estrés en el trabajo es de vital importancia para mantener la salud organizacional y de los empleados. Las investigaciones han demostrado que la productividad puede asociarse al estrés. El estrés laboral puede ser causado por la naturaleza del puesto y causas ambientales, por ejemplo, manejo de valores, falta de seguridad, obreros manejando situaciones ambientales extremas o sustancias tóxicas, o por situaciones del clima organizacional, puestos de toma de decisiones de alto riesgo o presión, conflictos interpersonales, proyectos o trabajos urgentes, excesivas cargas de trabajo. Cada individuo puede reaccionar con diversos niveles de estrés y tiene diferentes patrones de personalidad que, ante situaciones de continuo estrés, pueden ocasionar desde reacciones leves como baja de defensas hasta enfermedades graves como infartos que obviamente influyen en la productividad laboral.

El exceso de estrés, las adicciones como el alcoholismo y la drogadicción, las enfermedades psicológicas y físicas ocasionan serios problemas en la organización entre los que destacan: bajo rendimiento laboral, ausentismo, altos costos y clima organizacional tenso. De ahí la importancia de contar con un programa de salud organizacional, que incluya atención médica y psicológica, calidad de vida, servicios recreativos, culturales y deportivos, enriquecimiento del puesto y del trabajo, así como fomentar una fuerte cultura corporativa que promueva los valores individuales, la autoestima y la autorrealización de los trabajadores.

Los factores que estimulan el estrés pueden ser de dos tipos:

- *Externos:* ambiente físico, calor, peligro por exposición a reacciones químicas, etcétera.
- *Internos o individuales:* todos los conflictos o factores que afectan el estrés.

6.5.1. Consecuencias del estrés

Los efectos del estrés son muy variados. En niveles muy bajos son positivos ya que son mecanismos que impulsan la acción, pero cuando los niveles se incrementan los efectos son negativos, entre los más comunes destacan:

- *Conductuales.* Alcoholismo, tendencia a los accidentes, adicciones, comportamiento impulsivo.
- *Subjetivos.* Agresividad, depresión, fatiga, frustración.
- *Cognoscitivos.* Falta de concentración, deficiente toma de decisiones, bloqueo mental.
- *Psicológicos.* Hipertensión, taquicardia, enfermedades psicosomáticas.
- *Organizacionales.* Ausentismo, baja productividad, fallas y errores, insatisfacción y falta de compromiso.

La mejor manera de enfrentar el estrés es mediante actividades deportivas, recreativas y culturales, así como el desarrollo de técnicas como la relajación.

AUTOEVALUACIÓN

I. Anote en el paréntesis una **V** si la aseveración es verdadera y una **F** si es falsa.

1.	El exceso de estrés en el trabajo ocasiona bajo rendimiento, ausentismo y clima organizacional tenso.	( )
2.	La higiene y seguridad en el trabajo es un proceso unilateral cuya responsabilidad cae en la empresa.	( )
3.	La higiene del trabajo se refiere a un conjunto de normas y procedimientos que protegen la integridad física y mental del trabajador.	( )
4.	Los efectos negativos del estrés incluyen efectos psicológicos que comprenden agresividad, depresión, fatiga y frustración.	( )
5.	Los servicios adicionales que ofrece un programa de higiene en el trabajo incluyen programa de salud organizacional, programa de actividades y cursos para conservar la salud y evaluaciones de salud.	( )
6.	Son dos factores que influyen en las condiciones de trabajo: jornadas de trabajo y periodos de descanso.	( )
7.	Seguridad en el trabajo es el conjunto de medidas técnicas, educacionales, médicas y psicológicas, empleadas para prevenir los accidentes.	( )
8.	La prevención de accidentes se logra mediante la aplicación de medidas de seguridad que sólo pueden desarrollarse acertadamente con un trabajo de equipo.	( )
9.	Los factores que estimulan el estrés pueden ser de dos tipos: internos e individuales.	( )
10.	Los efectos negativos del estrés incluyen psicológicos, organizacionales y subjetivos.	( )

II. Conteste las siguientes preguntas:

1. ¿Qué diferencia existe entre seguridad e higiene organizacionales?
2. Mencione la importancia de los dos conceptos anteriores.
3. Elabore un cuadro sinóptico con los elementos que debe incluir un programa de higiene en el trabajo.
4. ¿Cuáles son los objetivos del programa de higiene en las organizaciones?
5. Explique los factores más importantes de las condiciones físicas de trabajo.

III. Resuelva los ejercicios de refuerzo y la autoevaluación en el CD interactivo. Estudie la sección "Saber más". Sólo así habrá completado sus conocimientos.

Planeación y evaluación del capital humano

OBJETIVOS:

Objetivo general. El lector será capaz de elaborar un plan de capital humano y de aplicar indicadores de la gestión de capital humano.

Objetivos específicos. Al terminar este capítulo el lector:

- Explicará el concepto de planeación de capital humano.
- Describirá las principales técnicas de planeación de capital humano.
- Analizará la relación entre el plan de capital humano y la gestión por competencias laborales.
- Definirá y aplicará la planeación de carrera.
- Explicará en qué consiste la evaluación de recursos humanos.
- Describirá las principales técnicas de evaluación de capital humano.
- Aplicará indicadores de gestión de recursos humanos a situaciones prácticas.
- Explicará la importancia de los sistemas de información en la administración de capital humano.
- Explicará la importancia de los sistemas de información en la administración de capital humano.

COMPETENCIAS:

- Desarrollará habilidades para elaborar un plan de capital humano.
- Evaluará elaborará indicadores de capital humano congruente con la misión organizacional.

Planeación y evaluación del capital humano

La administración de capital humano incluye un proceso que abarca la planeación, organización, dirección y control del factor humano dentro de la empresa. A lo largo de este texto se han estudiado las funciones inherentes a la organización y dirección del personal. Especial énfasis requieren la planeación y evaluación de este proceso ya que sólo así será posible encaminar adecuadamente los esfuerzos y recursos así como evaluar la eficiencia de los resultados.

7.1. PLANEACIÓN DE CAPITAL HUMANO

7.1.1. Concepto

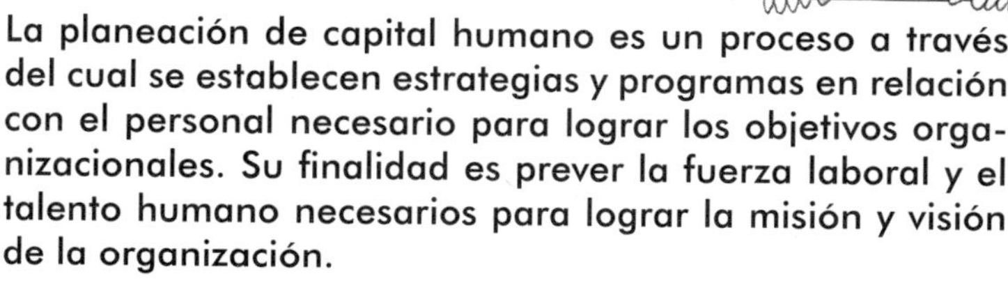

La planeación de capital humano es un proceso a través del cual se establecen estrategias y programas en relación con el personal necesario para lograr los objetivos organizacionales. Su finalidad es prever la fuerza laboral y el talento humano necesarios para lograr la misión y visión de la organización.

Mediante la planeación de personal se determinan las necesidades de la empresa respecto a su capital humano a corto, mediano y largo plazos, para definir qué planta de trabajo se requiere de inmediato y cuál será necesaria de acuerdo con los planes de futuro crecimiento y desarrollo. La planeación de recursos humanos es un proceso continuo y abarca todas las áreas y niveles de la organización, su objetivo es definir cuáles son las necesidades, el perfil y las características del personal para estar en posibilidad de lograr el plan estratégico corporativo.

Cualquier empresa, por pequeña que sea, requiere determinar anticipadamente qué personal va a requerir para desempeñar el trabajo. Las funciones básicas que implica la planeación de recursos humanos son:

- Definición de la misión, objetivos, estrategias, programas y presupuestos del área de recursos humanos.
- Definición de las competencias básicas de la empresa.
- Determinación de la cantidad necesaria de personal, asignándolo a los diversos cargos de la organización de acuerdo con el plan estratégico.
- Diagnóstico y programación de la capacitación y rotación del personal para el desempeño de los puestos.
- Mejoramiento del capital humano a corto, mediano y largo plazos teniendo en cuenta el potencial existente en todos los puestos de la organización.
- Aplicación de estrategias de cambio, con miras a lograr la salud y la excelencia organizacional.
- Establecer estrategias para lograr una planta estable de trabajo con personal altamente satisfecho y comprometido con la organización; optimizar y aprovechar las capacidades, talento, experiencia y conocimiento del personal.

7.1.2. Técnicas de planeación de recursos humanos

Existen varias metodologías de planeación de capital humano; algunas son genéricas y abarcan toda la organización, otras son más específicas; las técnicas más usuales de planeación de recursos humanos son (fig. 7.1):

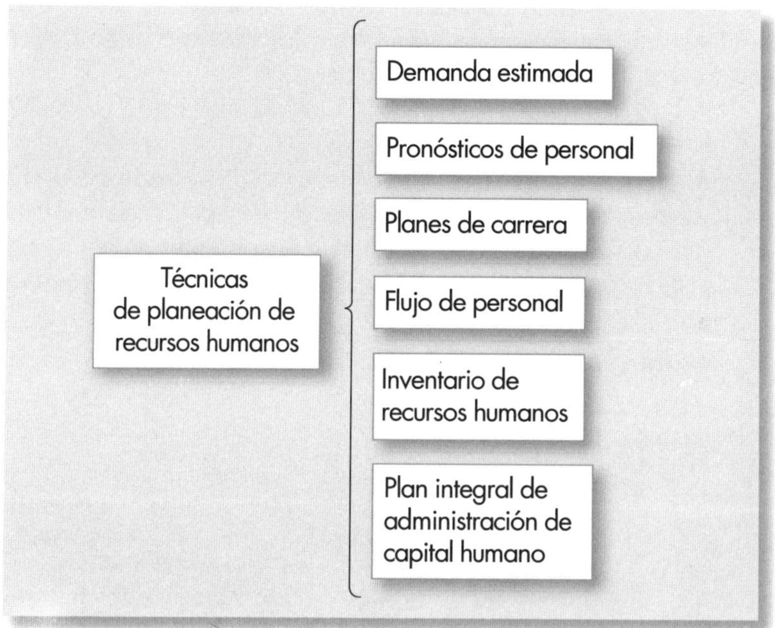

Figura 7.1. Técnicas de planeación de recursos humanos.

Demanda estimada de capital humano. El plan de recursos humanos se diseña a partir de la determinación de las necesidades de personal de acuerdo con el plan estratégico y con las variaciones en la productividad, la tecnología, la demanda estimada del producto y la disponibilidad de recursos financieros, por ejemplo, el aumento de productividad resultante del cambio de nuevas tecnologías reducirá la planta de personal y, por otra parte, requerirá de capacitación del personal en el manejo y utilización de nuevas tecnologías.

Pronósticos de personal. Esta técnica se basa en los niveles de resultados esperados por la organización. El cálculo del pronóstico de personal puede elaborarse con base en:

- Selección de un factor estratégico, por ejemplo, nivel de ventas, capacidad de producción, planes de expansión, para cada área de la empresa, cuyas variaciones afecten los requerimientos de personal.
- Determinación de los niveles históricos de cada factor estratégico y los consecuentes.
- Cálculo de la fuerza laboral futura requerida para cada área funcional.
- Proyección de los niveles futuros de personal en cada área, correlacionándolos con la proyección de los niveles (históricos y futuros) del factor estratégico correspondiente.

Planes de carrera

El plan de carrera sirve para optimizar el capital humano y se basa en: análisis de puesto, la estructura organizacional, planes de crecimiento de la empresa, pronósticos, el inventario de recursos humanos, la calificación de méritos, la evaluación de desempeño y el sistema de ascensos y promociones, entre otros.

La planeación de carrera tiene múltiples ventajas: Promueve la realización del personal, conserva al personal clave, asegura la continuidad gerencial, incrementa la motivación, mejora el clima organizacional, reduce los índices de rotación, conserva e incrementa el capital intelectual.

Proceso para la planeación de carreras

* Análisis del plan estratégico corporativo.
* Análisis de puestos y competencias.
* Definición de objetivos.
* Identificación de puestos y análisis de puestos.
* Elaboración del mapa de carreras.
* Plan de desarrollo a cada puesto.

Flujo de personal. Intenta determinar el flujo del personal mediante la verificación histórica y el seguimiento de entradas, salidas, ascensos y transferencias del personal e índices de rotación que permiten predecir, a corto plazo, las necesidades de personal por parte de la organización. Se trata de un esquema adecuado para organizaciones estables y sin planes de expansión.

Inventario de recursos humanos. El inventario de recursos humanos está integrado por una relación detallada de todos los expedientes del personal que integra la empresa en todos los niveles y áreas. Incluye antecedentes personales, escolaridad, conocimientos, experiencia, competencias, habilidades, pruebas psicométricas y de personalidad, puestos que ha desempeñado fuera y dentro de la empresa así como detalle de sus evaluaciones, ascensos y vida laboral. Este sistema de información es básico para la toma de decisiones en el área de personal así como para los planes de carrera.

Planeación integral. Es el modelo más completo. Desde el punto de vista de insumos, la planeación de personal toma en cuenta los siguientes factores:

* Volumen de producción planeado.
* Cambios tecnológicos.
* Condiciones de oferta y demanda, y comportamiento del mercado.
* Plan estratégico corporativo: expansión, fusión, contracción.
* Planeación de carreras.
* Análisis del entorno. Externo e interno.

Las técnicas utilizadas para el análisis del entorno externo son: investigación del mercado laboral, reclutamiento y selección, investigación de salarios y beneficios, relaciones con sindicatos, relaciones con instituciones de formación profesional y legislación laboral.

Para el análisis en el ambiente interno se utiliza: el análisis y descripción de evaluación de puestos, capacitación, evaluación del desempeño, plan de carreras, plan de beneficios sociales, política salarial, indicadores de higiene y seguridad, ausentismo y productividad entre otros.

7.1.3. Gestión por competencias y la planeación de recursos humanos

El plan de recursos humanos debe tener como sustento la filosofía, visión, misión, objetivos, políticas, estrategias, programas corporativos. Los elementos que integra la planeación de capital humano incluyen el desarrollo de competencias y su evolución. El modelo de competencias facilita el plan de carrera ya que especifica todos los requerimientos de los distintos puestos.

7.2. EVALUACIÓN DE CAPITAL HUMANO. AUDITORÍA DE RECURSOS HUMANOS

La evaluación y control de la gestión del capital humano se efectúa a través de la auditoría de recursos humanos y de los sistemas de información.

La auditoría de recursos humanos consiste en la evaluación de los programas y prácticas de personal y su repercusión en la productividad.

El propósito de la auditoría de recursos humanos es evaluar la efectividad de los programas de personal y detectar beneficios y fallas para implantar medidas correctivas. Es un sistema de revisión y control para informar a la administración sobre la eficiencia y la eficacia del programa de recursos humanos. La auditoría de recursos humanos puede enfocarse en uno o varios de los siguientes factores:

- Resultados. Incluyen las realizaciones concretas y la solución de problemas.
- Programas, prácticas y procedimientos de recursos humanos.
- Políticas. Análisis de las repercusiones de las políticas explícitas e implícitas.
- Filosofía, valores, credo y compromiso. Se evalúa la relación de la filosofía con las políticas y prácticas de personal.
- Indicadores. Análisis numérico de incidencias en productividad, capacitación, desarrollo, remuneración, relaciones sindicales, etcétera.
- Logro de objetivos de administración de capital humano en términos de cantidad, calidad, tiempo y costos.
- Presupuesto de recursos en relación con resultados obtenidos.
- Encuestas de clima organizacional y su relación con los programas y su costo.

Las técnicas para efectuar la auditoría de recursos humanos son:

- Encuesta de clima organizacional.
- Análisis de los informes de resultados de cada función de recursos humanos.
- Análisis de estadísticas.
- Análisis de resultados de entrevistas de salida.
- Criterios de evaluación y adecuación permanentes de las políticas y los procedimientos de recursos humanos.

- Indicadores para el análisis cuantitativo y cualitativo de los recursos humanos disponibles (fig. 7.2).

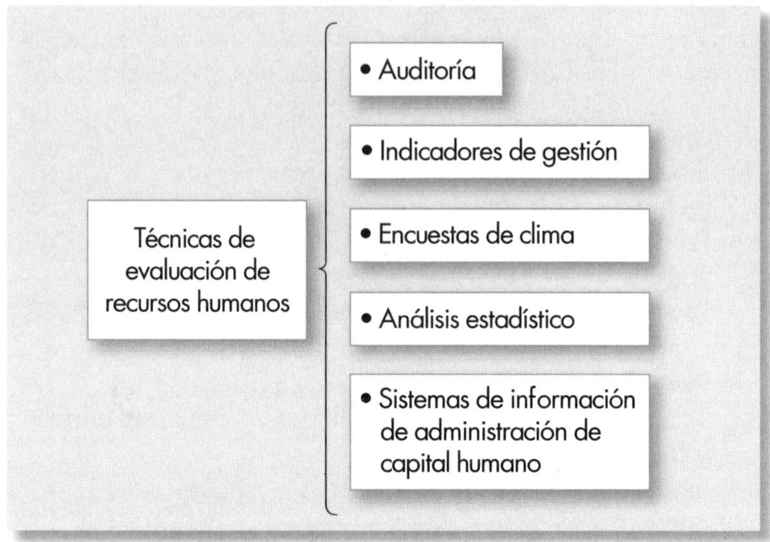

Figura 7.2. Técnicas de evaluación de recursos humanos.

La auditoría de recursos humanos tiene como finalidad la evaluación de la efectividad en la implantación y ejecución de todos y cada uno de los programas de personal, y del cumplimiento de los objetivos de esta área.

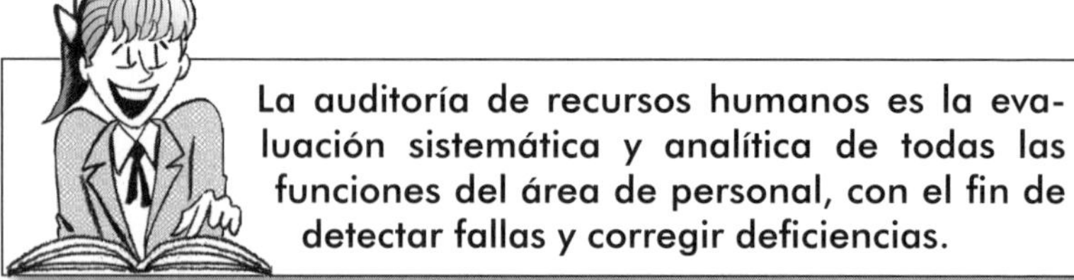

La recolección de datos se efectúa con base en el análisis y en la interpretación de la información estadística de cada una de las funciones y programas del área de recursos humanos mediante la aplicación de cuestionarios, entrevistas y el análisis de la información y de los indicadores.

7.3. INDICADORES DE GESTIÓN DE RECURSOS HUMANOS

Una de las herramientas básicas para efectuar la auditoría de recursos humanos es la utilización de los indicadores o índices de desempeño.

> **Un indicador es un índice que relaciona los principales factores que influyen en la administración de capital humano.**

Es posible que cada empresa diseñe sus indicadores de acuerdo con sus necesidades organizacionales, sin embargo, a continuación se presentan algunos de los indicadores más utilizados:

I. **Productividad.** Su objetivo es evaluar la productividad y eficiencia del área de recursos humanos.

$$\bullet \quad \frac{\textit{Ingresos netos}}{\textit{Costo total de sueldos y salarios}}$$

$$\bullet \quad \frac{\textit{Utilidad neta}}{\textit{Costo total de sueldos y salarios}}$$

$$\bullet \quad \frac{\textit{Volumen de producción}}{\textit{Número de personal de operación}}$$

- $$\frac{Volumen\ de\ ventas}{Costo\ total\ de\ sueldos\ y\ salarios}$$

- $$\frac{Gastos\ de\ operación}{Número\ total\ de\ empleados}$$

- $$\frac{Gastos\ de\ operación}{Costo\ total\ de\ sueldos\ y\ salarios}$$

- $$\frac{Número\ total\ de\ empleados}{Número\ total\ de\ empleados\ y\ recursos\ humanos}$$

- $$\frac{Costo\ total\ nómina\ recursos\ humanos}{Costo\ total\ nómina}$$

II. **Selección.** Su función es evaluar la eficiencia del proceso de selección.

- $$\frac{Costo\ total\ selección\ de\ personal}{Número\ de\ empleados\ contratados}$$

- $$\frac{Número\ de\ empleados}{Número\ de\ empleados\ separados}$$

III. **Planeación de recursos humanos.** Sirve para verificar la efectividad de los planes.

- $$\frac{Remplazos\ de\ acuerdo\ con\ el\ plan\ estratégico}{Número\ de\ puestos\ remplazados}$$

IV. **Capacitación.** A través de estos indicadores es posible medir el costo-beneficio del aprendizaje organizacional.

- $$\dfrac{\textit{Gasto total de capacitación}}{\textit{Número de empleados capacitados}}$$

- $$\dfrac{\textit{Total de horas de capacitación}}{\textit{Número de empleados capacitados}}$$

- $$\dfrac{\textit{Total de horas de capacitación}}{\textit{Número de empleados capacitados por área}}$$

- $$\dfrac{\textit{Incremento de utilidades}}{\textit{Costo total de capacitación}}$$

- $$\dfrac{\textit{Costo de capacitación}}{\textit{Costo total}}$$

V. **Servicios y prestaciones.** Indica cuánto se está gastando en servicios y prestaciones.

- $$\dfrac{\textit{Costos totales}}{\textit{Costo servicios y prestaciones}}$$

VI. **Higiene y seguridad.** Mide el costo-beneficio de la inversión de los programas de higiene y seguridad.

- $$\dfrac{\textit{Costos totales}}{\textit{Costo programa higiene y seguridad}}$$

- $$\dfrac{\textit{Costo programa higiene y seguridad}}{\textit{Costo de accidentes}}$$

- $$\dfrac{\text{Número de personal}}{\text{Número de accidentes}}$$

VII. Administración de retribuciones. Evalúa la inversión en sueldos y salarios y su relación con la productividad.

- $$\dfrac{\text{Gasto total de nómina}}{\text{Costos totales}}$$

- $$\dfrac{\text{Volumen de producción incrementada}}{\text{Costo de incentivos}}$$

A través de los indicadores mencionados es posible evaluar la efectividad de los programas de administración de capital humano.

7.4. LOS SISTEMAS DE INFORMACIÓN EN LA ADMINISTRACIÓN DE CAPITAL HUMANO

El sistema de información es un mecanismo de control por excelencia, ya que mediante los datos estadísticos, reportes e informes es posible comparar lo planeado en relación con los resultados, para detectar posibles desviaciones o fallas y establecer las medidas correctivas, así como servir como un medio de retroalimentación para el proceso de planeación de recursos humanos.

Un sistema de información es un conjunto de elementos interdependientes, asociados lógicamente para que su interacción genere información necesaria para la toma de decisiones.

El punto de partida de un sistema de información de recursos humanos es la base de datos, su objetivo final es suministrar información acerca del personal y contar con fundamentos objetivos para el proceso de la toma de decisiones. En la actualidad, con el enfoque de la administración de capital intelectual y administración del conocimiento, el sistema de información de capital humano o sistema de inteligencia de personal resulta indispensable.

Algunos de los datos que debe incluir el sistema de inteligencia de capital humano son (fig. 7.3):

- Inventario de recursos humanos.
- Datos personales de cada empleado e historia. Expediente personal.
- Los ocupantes de cada cargo que forman un registro de puestos, así como empleados de cada sección, departamento o división.

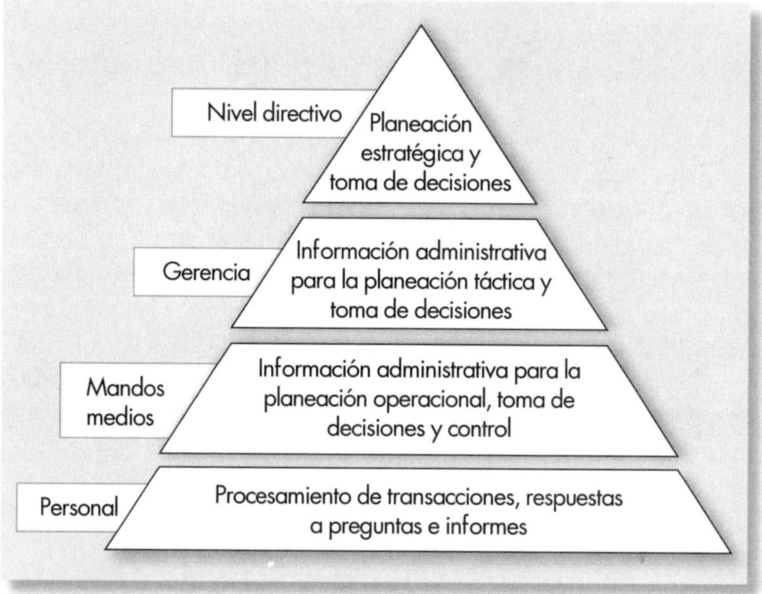

Figura 7.3. Sistema de inteligencia de capital humano.

- Salarios e incentivos salariales, tabuladores, registro de resultados de exámenes y encuestas socioeconómicas.
- Beneficios y servicios sociales que forman un registro de beneficios.
- Registro de cursos y actividades de entrenamiento.
- Encuesta regional de salarios.
- Plan de recursos humanos.
- Resultado auditoría recursos humanos.
- Índices de rotación.
- Índices de accidentes y ausentismo.
- Planes de carrera.
- Entrenamiento y desarrollo de personal.
- Evaluación del desempeño.
- Plan de recursos humanos.
- Encuestas de clima organizacional y resultados.
- Estadística, registro y control de personal, respecto de ausencias, atrasos, disciplina, etcétera.
- Nóminas y percepciones.
- Higiene y seguridad.
- Indicadores de productividad, indicadores de recursos humanos.

Un sistema integral de información de administración de recursos humanos, no sólo debe proporcionar información, para realizar las operaciones, la administración y el análisis que facilite la toma de decisiones del área, de hecho es la base para integrar un sistema de administración del conocimiento o de gestión del capital intelectual.

Existen múltiples sistemas para apoyar la toma de decisiones de personal, la figura 4.7 muestra ejemplos de la clase de información que puede incluirse en un Sistema de Información de Capital Humano.

El sistema de información es una herramienta muy útil para la administración de capital humano, ya que brinda información que apoya las operaciones, el análisis y la administración a la vez que es un instrumento de control.

Función	Ejemplo de sistemas o *softwares*
Inventario de recursos humanos	Inventario que calcula la existencia de competencias, experiencias, habilidades y características del personal
Selección del personal	Búsqueda de personal y clasificación de alternativas Calificación de pruebas
Valuación de puestos	Valuación y análisis de puestos
Control de gastos	Control del presupuesto
Planeación de recursos humanos	Plan estratégico. Plan de carrera
Programación de capacitación	Programa integral de capacitación
Sueldos y salarios	Cálculo de salarios e incentivos, compensaciones, etcétera
Clima organizacional	Encuesta de clima y resultados
Higiene y seguridad	Índices de accidentes y ausentismo
Plan de carrera	Seguimiento de personal
Ascensos y promociones	Expedientes de personal
Competencias	Gestión de competencias

Figura 7.4. *Softwares* de administración
de capital humano.

Por otra parte, se hace notar que, existen disponibles en el mercado múltiples *softwares* para el área de capital humano, que van desde la aplicación y calificación de pruebas psicométricas, los inventarios de recursos humanos hasta la aplicación de indicadores para evaluación. Estos *softwares* pueden ser utilizados cuando no se cuente con los recursos suficientes para implantar un sistema de inteligencia de capital humano diseñado de acuerdo con las necesidades específicas de la empresa.

AUTOEVALUACIÓN

I. Anote en el paréntesis una **V** si la aseveración es verdadera y una **F** si es falsa.

1. La auditoría de recursos humanos consiste en la evaluación de los programas y prácticas de personal y su repercusión en la productividad.	( )
2. Las técnicas para efectuar la auditoría de recursos humanos son: análisis de indicadores, logro de objetivos de administración de capital, presupuesto de recursos en relación con resultados obtenidos, encuestas de clima organizacional, y su relación con los programas y su costo.	( )
3. Es un indicador de productividad: $$\dfrac{\textit{Remplazos de acuerdo con el plan estratégico}}{\textit{Número de puestos remplazados}}$$	( )
4. Es un indicador de productividad: $$\dfrac{\textit{Gasto total de nómina}}{\textit{Costos totales}}$$	( )
5. Un sistema de información es un conjunto de elementos independientes, asociados lógicamente para que generen información para la toma de decisiones.	( )
6. Algunos de los datos que debe incluir el sistema de inteligencia de recursos humanos son: inventario de recursos humanos, datos personales de cada empleado e historia, expediente personal, sueldos y salarios.	( )
7. El indicador de capacitación tiene como objetivo evaluar la productividad y eficiencia del área de recursos humanos.	( )
8. Es un indicador de sueldos y salarios: $$\dfrac{\textit{Gastos de operación}}{\textit{Número total de empleados}}$$	( )
9. Es un indicador de planeación: $$\dfrac{\textit{Número de empleados}}{\textit{Número de empleados separados}}$$	( )
10. El propósito de los indicadores de operación es evaluar la efectividad de los programas de personal y detectar beneficios y fallas para implantar medidas correctivas.	( )

II. Conteste las siguientes preguntas:

1. Mencione los datos que debe incluir el sistema de información de recursos humanos.
2. ¿Qué importancia tiene el sistema de información de capital humano para la toma de decisiones? Fundamente su respuesta.
3. Realice una tabla que contenga los principales indicadores de gestión de recursos humanos.
4. ¿En qué factores puede enfocarse la auditoría de recursos humanos?

III. Resuelva los ejercicios de refuerzo y la autoevaluación en el CD interactivo. Estudie la sección "Saber más". Sólo así habrá completado sus conocimientos.

Perspectivas de la administración de recursos humanos

OBJETIVOS:

Objetivo general. El lector explicará las principales tendencias de la gestión de capital humano.

Objetivos específicos. Al finalizar este capítulo el lector:

- Analizará los principales enfoques de gestión de la administración de capital humano.
- Explicará en qué consiste el *empowerment*.
- Explicará la relación entre calidad y gestión por competencias.
- Describirá la relación entre administración de capital humano y administración del conocimiento.
- Explicará las perspectivas de la administración de capital humano en Latinoamérica.

COMPETENCIAS:

- Establecerá procesos para la gestión del capital intelectual y de la gestión del conocimiento con creatividad y ética.

8

Perspectivas de la administración de recursos humanos

Los retos que implica una economía globalizada obligan a las organizaciones a eficientar sus procesos y a implantar modelos organizacionales que faciliten su inserción en el mercado global, en este contexto han surgido nuevas tendencias para administrar el activo más valioso de las empresas: las personas. Algunos de estos enfoques tienen una visión general de la administración y otros se orientan específicamente al área de administración de capital humano. Independientemente del estilo de gestión de que se trate, el factor humano es fundamental para el logro de los objetivos, por lo que la administración de capital humano en el siglo xxi ocupará una posición estratégica en las organizaciones.

Figura 8.1. Administración de capital humano.

8.1. EXCELENCIA Y CALIDAD TOTAL

Los estilos de gestión tendientes a la excelencia y calidad iniciaron en Japón después de la Segunda Guerra Mundial, sus principales autores son Ishikawa, Deming, Juran y Crosby. Con el tiempo la calidad total junto con la certificación de calidad ISO se convirtieron en un requisito para muchas empresas que deseaban participar en el mercado mundial, a tal grado que en la actualidad es un enfoque necesario para la mayoría de las organizaciones.

Por otra parte, también durante el siglo pasado en los ochentas, surge en Estados Unidos el enfoque de la excelencia cuyos principales creadores son Peters y Waterman, quienes a partir de su experiencia en la firma consultora McKinsey realizan una investigación para determinar los factores que inciden en el éxito de las organizaciones, considerando como empresas excelentes aquellas que se caracterizan por sus altos rendimientos, su permanencia y liderazgo en el mercado, la calidad en sus productos y por contar con personal altamente motivado y satisfecho. A raíz de esta investigación crean el esquema McKinsey o de las 7 llamado así por las siglas en inglés de los siete factores que inciden en la excelencia empresarial: Estrategia, sistemas, liderazgo, habilidades, valores compartidos, estructura, staff.

El diagrama de McKinsey muestra que las empresas excelentes son empresas en continua innovación, sin importar el ramo o actividad al que se dediquen, y se basan no sólo en la estructura organizacional y las estrategias como medios para lograr la eficiencia y productividad de la organización, sino que además consideran las capacidades de su personal y el estilo de liderazgo como idea orientadora. Los valores compartidos o la filosofía que caracterizan la cultura de las organizaciones, son el eje en torno al cual se interrelacionan las demás variables. En este esquema se visualiza a la organización como un todo y a los valores compartidos como parte esencial de las otras seis variables, siendo, por tanto las personas el activo más valioso de las organizaciones.

La calidad total y la excelencia, más que una corriente administrativa, son una forma de vida, una mística, en la que el ejercicio de una serie de valores como el amor al trabajo y al cliente, y la satisfacción del trabajo bien hecho, se comparten y ejercen por todos los miembros de la organización, por esto en ambos enfoques el capital humano es el sustento para lograr la excelencia y la calidad total.

En este sentido la administración de capital humano tiene un papel preponderante en la implantación de la excelencia y calidad total ya que la participación de esta área es fundamental en las fases siguientes:

- Sensibilización y generación de la necesidad del cambio.
- Aceptación y compromiso con el cambio.
- Adopción del cambio.

Lo anterior se aplicará para lograr el rediseño de la cultura de trabajo, calidad en el servicio, innovación, mejora continua, cumplimiento de normas internacionales y participación del personal en las decisiones.

8.2. ADMINISTRACIÓN POR VALORES

La administración basada en valores fomenta que los gerentes establezcan, promuevan y practiquen los valores compartidos en una organización. Dichos valores representan los principios que rigen la conducta de la empresa y de sus integrantes.

Ken Blanchard y Michael O'Connor principales autores de la administración por valores, consideran que ésta ofrece una solución ya probada en Estados Unidos a través de "Fortunate Companies Foundation", una entidad creada en 1992 sin ánimo de lucro, destinada a promover y perpetuar este proceso en las organizaciones.

Estos autores proponen "concentrarse en lo que se tiene por fundamento de una organización eficiente: su misión y sus valores".[1] Es decir, es imprescindible para el personal saber la finalidad o propósito de la empresa así como los principios con los que va a operar.

Cuando una organización tiene claros su visión, misión y valores y éstos son difundidos y compartidos por todos sus integrantes, posee una base sólida para encaminar la gestión.

8.2.1. Requisitos para la implantación de la administración por valores

Antes que nada es muy importante señalar que la administración por valores puede ser aplicada tanto en un área como a nivel corporativo, siempre y cuando se cumpla con tres requisitos:

- Compromiso de la dirección.
- Voluntad y compromiso para operar con un conjunto de valores.
- Esfuerzo continuo para poner esos valores en acción, es decir perseverancia y mucho trabajo.

Implantar una administración por valores requiere de una cultura organizacional que se oriente a ponerlos en práctica. Para trabajar con una orientación por valores es necesario que la empresa considere los siguientes factores:

a) *Bien común.* En la empresa es producto de un conjunto organizado de condiciones sociales a través de las cuales el hombre puede realizar su destino material y espiritual. El bien común implica entre otras cosas:

- Propiciar el desarrollo y perfeccionamiento del hombre en su capacidad personal.

[1]Ken Blanchard y Michael O'Connor, *Administración por valores,* Norma, Colombia, 1997.

- Proporcionar a los seres humanos las posibilidades reales para la satisfacción de sus necesidades.
- La colaboración de los miembros de la empresa en el cumplimiento de los valores.

El bien común se obtiene cuando los intereses de la empresa responden a las necesidades sociales.

b) *Éxito de la empresa.* Para que éste se obtenga es necesario que todos los miembros de la empresa estén interesados en lograr la misión y visión, ya que obtendrán también un progreso personal. Depende de que todos estén convencidos de que la consecución de los objetivos se verá reflejada en su beneficio personal. El éxito de la organización se alcanza mediante la eficiencia administrativa y el avance tecnológico, orientados hacia la productividad y calidad.

c) *Satisfacción de las necesidades del personal.* El personal debe encontrar en la empresa la satisfacción de sus necesidades básicas y un conjunto de medios o circunstancias que favorezcan su desarrollo y perfeccionamiento en el aspecto intelectual, moral y social.

A partir de estos factores se definen los valores organizacionales y es posible empezar a trabajar en la administración por valores.

Etapas para implantar la administración por valores

1. Definir la filosofía organizacional: valores, compromiso y credo.
2. Definir visión y misión de la empresa.
3. Difundir la misión y la visión.
4. Alinear prácticas diarias con la misión y los valores.
5. Sensibilizar y capacitar al personal en el ejercicio de los valores.
6. Implementación.

Los valores o principios funcionan como una fuerza integradora en la vida de los individuos promoviendo la eficiencia y los equipos de trabajo en las organizaciones.

8.3. ADMINISTRACIÓN DEL CONOCIMIENTO. ADMINISTRACIÓN DE CAPITAL INTELECTUAL

En el siglo xxi, los conocimientos son la principal fuente de las ventajas competitivas de las empresas. No todos los conocimientos son fuente de ventajas competitivas sino solamente aquellos que contribuyen a la generación del valor económico. Los conocimientos de una organización se pueden considerar desde una perspectiva contable financiera como activos intangibles, activos intelectuales o capital intelectual. "A diferencia de los activos materiales, que disminuyen a medida que son usados, los activos de conocimiento aumentan con el uso: las ideas generan nuevas ideas, es por eso que el capital intelectual es imprescindible para lograr compartir el conocimiento de quien lo proporciona, al mismo tiempo que enriquece a quien lo recibe."[2]

Para comprender en qué consiste la administración del conocimiento, es importante considerar qué tipos de conocimiento se manejen en todas las empresas:

- *Datos.* Acumulación de hechos, mediciones y observaciones.
- *Información.* Son datos que han sido organizados de tal modo que sirven para tomar decisiones.
- *Conocimiento.* Combina la información con la experiencia para comprender qué tipos de acciones son recomendables. Éste puede ser tácito o implícito y explícito o conocimiento documentado.

[2]Peter Drucker, *The New Realities, Mandarin PaperBacks,* Londres, 1989.

En la actualidad la administración del conocimiento es fundamental en el ámbito de las organizaciones, pues el conocimiento posee un valor implícito.

La administración del conocimiento es un proceso de identificación, sistematización, creación, difusión y utilización del conocimiento, cuyo objetivo es desarrollar el capital financiero, tecnológico, organizacional, humano e intelectual de la organización para maximizar la capacidad de producir valor.

Drucker identifica cinco características principales del conocimiento organizacional: "capacidad de almacenamiento, capacidad de medición, movilidad, temporalidad y responsabilidad".

La administración del conocimiento implica la conversión del conocimiento tácito que es el que sabe un empleado o ejecutivo en específico, en explícito o sea el conocimiento documentado y replicable, para convertirlo en un activo de la organización (fig. 8.2).

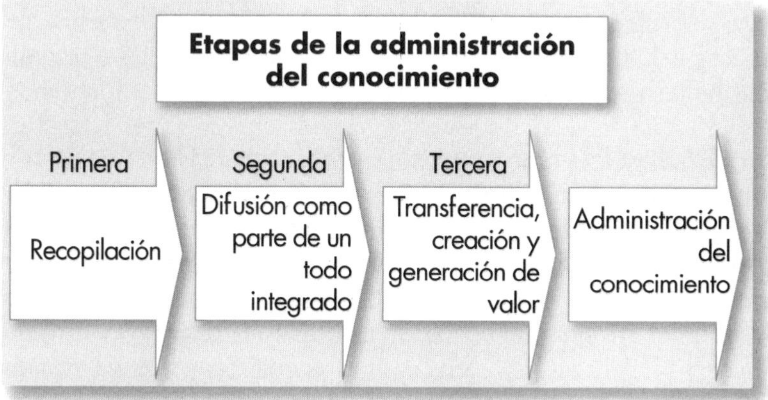

Figura 8.2

8.3.1. Procesos de administración del conocimiento

Los procesos clave[3] de administración del conocimiento están organizados en tres áreas generales:

1. Administración del sistema de capital intelectual.

   - Alineación y consolidación estratégica del sistema de capital intelectual.
   - Generación y desarrollo de procesos basados en conocimiento.
   - Aseguramiento de calidad e innovación de procesos de administración del capital intelectual.

2. Administración de capital humano.

   - Administración del aprendizaje organizacional.
   - Desarrollo de competencias clave.
   - Desarrollo de prácticas de valor.

3. Administración del capital instrumental.

   - Desarrollo de la base de conocimiento.
   - Selección e implementación de sistemas digitales para la administración del conocimiento.
   - Sistemas y herramientas para las estrategias de administración del conocimiento.

Uno de los retos más importantes para las organizaciones, como parte de la sociedad del conocimiento, es construir prácticas sistemáticas para administrar su propia transformación. "La organización debe estar preparada para abandonar el conocimiento que se ha vuelto obsoleto y aprender a crear cosas nuevas por medio del mejoramiento continuo de todas

---

[3]América Martínez Sánchez, *Un modelo de procesos clave de administración de conocimiento*, Centro de sistemas de conocimiento, México, 2001.

sus actividades, el desarrollo de nuevas aplicaciones a partir de su propio éxito y un proceso organizado de innovación continua. Una organización debe incrementar la productividad de los trabajadores de conocimiento y de servicios para estar a la vanguardia competitiva."[4]

Relacionada íntimamente con la administración del conocimiento, está la administración del capital intelectual que forma parte de los capitales de la organización.

En síntesis la administración del capital intelectual forma parte de la administración del conocimiento que es un proceso que abarca a toda la organización e incluye no sólo el capital intelectual sino el capital humano, tecnológico, financiero y organizacional que generan valor económico para la empresa. Tanto la administración del conocimiento como la administración del capital intelectual se relacionan a su vez con la administración del capital humano.

8.4. LO BÁSICO EN AMÉRICA LATINA PARA LA ADMINISTRACIÓN DE CAPITAL HUMANO

Es indispensable que los países en vías de desarrollo le concedan la importancia debida a la administración de capital hu-

[4]Peter F. Drucker, *The New Realities, Mandarin Paperbacks*, Londres, 1989.

mano independientemente del tamaño y giro de la organización ya que de la eficiencia del personal depende la eficiencia organizacional. Algunas consideraciones importantes son (fig. 8.3):

- Para una administración de capital humano eficaz es indispensable satisfacer las necesidades básicas o fisiológicas (salarios dignos) de los empleados y cumplir con la jerarquía de necesidades de Maslow.
- Promover la creación de una nueva legislación laboral ya que en muchos países ésta es obsoleta, fomenta

Figura 8.3. Perspectivas de la administración de capital humano.

la improductividad y deslealtad tanto de los patrones
como de los trabajadores.

- Aplicar las técnicas de administración de capital humano: análisis de puestos, distribución de cargas de trabajo, buenas relaciones de trabajo, incentivos, prestaciones, competencias, higiene y seguridad, planeación y evaluación de capital humano.
- Crear una nueva cultura organizacional en la que exista la conciencia de que el recurso humano es el activo más importante de la organización.
- Fomentar los valores organizacionales.
- Trabajar con nuevos estilos de gestión en los que prevalezca la educación continua; el liderazgo participativo; el compromiso de la alta dirección; la orientación al cliente externo e interno (calidad, servicio, reingeniería) y los equipos sean una nueva forma de vida en la organización.

AUTOEVALUACIÓN

I. Anote en el paréntesis una **V** si la aseveración es verdadera y una **F** si es falsa.

1. La administración basada en valores fomenta que los gerentes establezcan, promuevan y practiquen los valores compartidos de una organización.	( )
2. La administración por valores únicamente puede ser aplicada a nivel corporativo.	( )
3. Los requisitos para aplicar la administración por valores son: compromiso de la dirección, voluntad y compromiso para operar con un conjunto de valores, esfuerzo continuo para poner esos valores en acción.	( )
4. El bien común se obtiene cuando los intereses privados de la empresa responden a las necesidades sociales.	( )
5. La responsabilidad social de la empresa para lograr el bien común depende de un programa de recursos humanos enfocado a optimizar los recursos y consecuentemente aumentar los rendimientos.	( )
6. La responsabilidad social de la empresa se manifiesta en cuatro áreas: ética empresarial, calidad de vida, vinculación y compromiso con la comunidad, cuidado y preservación del medio.	( )
7. El *empowerment* se basa en la satisfacción de necesidades básicas del ser humano como la autoestima y la autorrealización.	( )
8. Los procesos clave de administración de conocimiento están organizados en tres áreas generales: administración de capitales, capital humano y capital industrial.	( )
9. El modelo de administración de conocimiento de Nonaka reconoce la necesidad de acelerar el flujo de la información que tiene valor.	( )
10. La administración del conocimiento implica la conversión del conocimiento explícito en tácito.	( )

II. Conteste las siguientes preguntas:

1. ¿En qué fases de la implantación de un programa de excelencia y de calidad total es preponderante el papel de la administración del capital humano?
2. Mencione los principios de la administración por valores.
3. ¿Qué características debe tener la administración de capital humano en América Latina para que sea exitosa?

III. Para completar su aprendizaje es indispensable que concluya la lectura, ejercicios de refuerzo, autoevaluaciones, resolución de casos, guía y la sección "Saber más", del CD interactivo.

Glosario

Administración del capital intelectual. Proceso de identificar, sistematizar y desarrollar las competencias y conocimientos del personal que generan valor para la organización.

Administración del conocimiento. Proceso de identificar, sistematizar y desarrollar el capital financiero, tecnológico, organizacional, humano e intelectual para maximizar la capacidad de producir valor.

Aprendizaje organizacional. Serie de mecanismos para obtener, difundir y crear conocimientos y competencias.

Competencias. Habilidades, destrezas y comportamientos con que la persona cumple las responsabilidades y funciones de un puesto eficaz y eficientemente.

Competencias básicas. Habilidades y destrezas generales, aceptadas de manera universal para cualquier organización.

Competencias genéricas. Cualidades o atributos relacionados con grupos de puestos afines en una organización.

Competitividad. Capacidad de la empresa para posicionarse en los mercados y superar a las organizaciones del mismo ramo.

Criterio de desempeño. Descriptores que demuestran la competencia evidencia del logro de resultados.

Descriptor de alcance. Parámetro que evidencia el logro o rendimiento.

Elemento de competencia. Resultados observables que llegan a formar una unidad coherente.

Estándares de competencia. Modelos, normas y requisitos que permiten identificar a grupos de puestos y evaluar el desempeño.

Función clave. Eje del ejercicio de gerente en cumplimiento de sus competencias.

Mapa de competencias ocupacionales. Análisis y descripción de las responsabilidades, procesos objetivos e indicadores para garantizar la competitividad en un puesto.

Tecnologías informáticas para aprendizaje organizacional. Métodos y tecnologías informáticas que dan soporte a la labor de personas que trabajan en grupos virtuales.

Unidad de competencia. Funciones identificables y calificables en una ocupación u oficio.

Ventaja competitiva. Características o condiciones propias de una organización que le confieren una superioridad en relación con sus competidores.

Bibliografía

Blanchard, Ken y Michael O'Connor, *Administración por valores*, Norma, Colombia, 2007.

Druker, Peter, *La Organización del futuro*, Granica, Argentina, 2008.

, *The New Realities*, Mandarin PaperBacks, Londres, 1989.

Management Standards middle management standards pocket directory, ITS, Gran Bretaña, 1997.

Martínez Sánchez América, *Un modelo de procesos clave de administración del conocimiento*, Centro de sistemas de conocimiento, México, 2005.

Mertens, Loenard, *Competencia laboral: sistemas, surgimiento y modelos*, Oxford, Gran Bretaña, 1996.

Nadine, Jolis, *Competentes et competeitivite*, Les éditions de organisation, París, 1998.

Senge Peter, *La quinta Disciplina*, Granica, Argentina, 2005.

Spencer, L. y S. Spencer, *Competent at work models for superior performance*, John Wiley & Sons, EUA, 1993.

Young, Ernest L., *Innovación de la gestión empresarial*, Fascículo 6, Gestión por competencias, Cuadernos 5 días, Madrid, 2003.

La publicación de esta obra la realizó
Editorial Trillas, S. A. de C. V.

División Administrativa, Av. Río Churubusco 385,
Col. Gral. Pedro María Anaya, C. P. 03340, México, D. F.
Tel. 56884233, FAX 56041364

División Comercial, Calzada de la Viga 1132, C. P. 09439
México, D. F. Tel. 56330995, FAX 56330870

Se imprimió en
Programas Educativos S. A. de C. V.

B 105 TASS